500
zumos y batidos

500

zumos y batidos

nuevas ideas para sazonar, espesar y endulzar sus bebidas

BLUME

Christine Watson

BLUME

Título original *500 Juices & Smoothies*

Traducción Rosa María Borràs Montané
Revisión técnica de la edición en lengua española
Anna María Pérez Martínez
Especialista en temas culinarios
Coordinación de la edición en lengua española
Cristina Rodríguez Fischer

Primera edición en lengua española 2009
Reimpresión 2010, 2013, 2016
Nueva edición 2019, 2024
Reimpresión 2026

© 2009, 2019, 2024 Naturart, S.A. Editado por BLUME
Carrer de les Alberes, 52, 2.º, Vallvidrera
08017 Barcelona
Tel. 93 205 40 00 e-mail: info@blume.net
© 2008 Quintet Publishing Limited, Londres

I.S.B.N.: 978-84-10048-74-4
Depósito legal: B. 954-2024
Impreso en China

WWW. BLUME.NET

MIXTO
Papel | Apoyando la
silvicultura responsable
FSC® C016973

contenido

introducción

Se nos recuerda constantemente que no consumimos las frutas y verduras necesarias, y es una pena que así sea, pues hay suficientes pruebas que demuestran que se pueden combatir enfermedades, luchar contra el cáncer, perder peso, tener la piel y el pelo mejor, y gozar de una mejor salud general tomando más y más variedad de frutas y verduras al día.

Nuestro cuerpo necesita alimentos frescos, pues no ha sido diseñado para asimilar los alimentos procesados que saturan los supermercados hoy en día, y cada vez más gente se está percatando de ello. Sin embargo, por desgracia, con nuestros estresantes estilos de vida, puede resultarnos difícil recargar nuestro cuerpo de lo que realmente necesita.

Los *smoothies* de fruta y los zumos nos ofrecen una sorprendente variedad de formas de proveernos de una buena ración de salud. Un vaso de 225 ml de fruta batida o licuada puede ser un modo de aportar 4 o hasta 5 raciones de fruta y verdura, la cantidad óptima diaria. La fruta licuada es llevable y la puede consumir de camino a cualquier parte, así que ya no hay excusas para saltarse el desayuno, y son una solución perfecta para utilizar la fruta o verdura que ya empieza a pasarse. Además, algunas de estas recetas pueden emplearse incluso como postres.

Entre una selección de cremosos batidos, deliciosos caprichos con encanto y hasta algunos combinados con alcohol, aquí encontrará una bebida para cada persona y cada ocasión.

Pero no olvidemos que el mejor beneficio de todo lo que comemos o bebemos es el placer, y no hay muchas cosas mejores que el placer de tomarse un néctar de dulces y aromáticas frutas. ¿Ha probado alguna vez un zumo de manzana recién licuada? Permítame que le diga que no hay nada más dulce. Es tal como es la manzana: fresco, seco y dulce, pero si bien las manzanas pueden resultar algo difíciles de digerir, en forma de zumo sientan muy bien. ¡Delicioso!

utensilios

Batidoras convencionales o batidoras para *smoothies*
Para preparar un *smoothie* de fruta es muy importante contar con una batidora de calidad. Trate de encontrar una que incluya un set para picar hielo, puesto que así le será más fácil preparar cócteles helados y bebidas granizadas. Las batidoras para *smoothies* son divertidas y dan un buen resultado, pero suelen ser algo complicadas en cuanto a montaje y a menudo tienen menos potencia que las batidoras normales. Las batidoras de brazo pueden ir bien para combinados de fruta simples pero no son útiles para los granizados.

Licuadoras
Hay licuadoras de varios estilos y calidades, pero la mejor opción es la licuadora profesional estándar, con centrifugado. Consiguen un zumo más limpio y retienen más pulpa, pero extraen lo mejor de la fruta y la verdura que se pasa por ellas. Las licuadoras más compactas y baratas son perfectas para presupuestos ajustados, pero si cree que se va a tomar en serio esto de los zumos, le sugiero que se gaste el dinero en una máquina de mejor calidad.

Exprimidor de cítricos
Aunque, si se pela, se puede obtener el zumo de un cítrico con una licuadora normal, es importante tener a mano un buen exprimidor para cuando sólo necesite un poco de zumo y no emplear el resto del menaje.

Jarras graduadas y recipientes para llevar
Una jarra graduada o una taza o recipiente para llevar se puede guardar en la nevera para mantener el zumo o el *smoothie* que no se haya bebido en el momento, y también para llevarlos recién hechos al trabajo.

Bolsas de plástico con autocierre

Corte la fruta la noche anterior y resérvela en el congelador en una bolsa con autocierre. Al día siguiente, introdúzcala directamente en la batidora con un poco de yogur o zumo y bata para conseguir una cremosa bebida helada.

Pesar

Es esencial que cuente con una balanza para asegurarse de que incorpora las cantidades exactas de los ingredientes que se indican en las recetas tanto de zumos como de batidos, consiguiendo el máximo sabor.

Cucharas para medir

Con las cucharas graduadas se asegurará de poner la cantidad justa de cada ingrediente a su combinado, para que los sabores queden perfectamente equilibrados.

Cuchara para servir helado

Siempre va bien tener una cuchara de helados a mano para añadir helado o yogur helado a las bebidas más refrescantes.

ingredientes

Frutas y verduras frescas
Intente utilizar las frutas de temporada, puesto que serán más sabrosas, pero hoy en día podemos encontrar casi todo el año una gran variedad de frutas y hortalizas.

Fruta congelada
La fruta congelada resulta muy práctica cuando no se cuenta con fruta de temporada. Puede descongelarla antes de hacer el zumo o utilizarla congelada para *smoothies*.

Fruta deshidratada
La fruta deshidratada es muy útil en *smoothies* de frutas y en algunos batidos con helado, pero asegúrese de que no esté demasiado seca. Si lo está, vale la pena remojarla en agua, zumo o licor durante unos minutos antes de usarla.

Fruta en conserva
Como en el caso de la fruta congelada, algunas frutas en conserva son una estupenda alternativa para frutas caras, como los lichis, o de temporada, como los albaricoques, aunque la fruta fresca siempre da mejores resultados.

Yogur
El yogur griego es el más suave y cremoso de todos, y creo que es el más adecuado para los *smoothies*, aunque cocinar es cosa de gustos, así que utilice el yogur que más le guste. Los vegetarianos estrictos pueden utilizar yogures de leche de soja y disfrutar igualmente de cualquiera de las recetas de este libro.

Zumos embotellados

Para los que tienen poco tiempo, tener una botella de zumo de naranja o manzana recién exprimido en la nevera es un buen truco para ahorrar tiempo.

Helados y yogur helado

Un simple helado de vainilla o un yogur natural helado conforman una gran base para la mayoría de batidos, pero experimente con algunos de los sorprendentes sabores que se pueden conseguir hoy en día, como el jengibre y el chocolate blanco, para obtener bebidas realmente excitantes. También hay disponibles helados y yogures de soja, lo que significa que aquellos que no toman productos lácteos pueden disfrutar igualmente de *smoothies* cremosos y espesos.

Hielo

Tener buenas provisiones de hielo en su congelador es esencial para elaborar sus bebidas, especialmente para los cócteles helados y los suculentos batidos helados de este libro.

Almíbar de azúcar

Lo necesitará para preparar algunos de los cócteles con alcohol del último capítulo. Para prepararlo, mezcle 450 g de azúcar y 475 ml de agua en un cazo y cuézalos a fuego lento. Remueva hasta que el azúcar se disuelva, lleve a ebullición y hierva a máxima potencia durante 4 minutos. Deje enfriar el almíbar, páselo a un recipiente hermético y resérvelo en la nevera para cuando lo necesite.

Licores

Tanto si escoge ron, vodka o tequila, encontrará alguna combinación de fruta que lo complemente. Tómese la libertad de añadir un par de cucharadas de licor a cualquiera de las bebidas de este libro: puede que acabe descubriendo su cóctel preferido.

smoothies
simples

Los *smoothies* son bebidas dulces a base de

deliciosos combinados de frutas frescas. Las posibles

mezclas de frutas son infinitas, y este capítulo

le inspirará para probar decenas de ellas. La fruta

no tiene por qué ser el único ingrediente: algunas

de estas recetas incluyen leche o yogur para espesar

la bebida y hacerla más saciante.

smoothie de melocotón y frambuesa

véanse variaciones en la página 32

Esta combinación clásica se basa en la dulzura del melocotón maduro para obtener un buen resultado, pero asegúrese de que no está pasado, o el sabor resultante será desagradable.

1 melocotón deshuesado y cortado a cuartos
75 g de frambuesas
120 ml de yogur natural desnatado
120 ml de leche

Introduzca todos los ingredientes en la batidora. Bátalos durante 1 minuto o hasta que la mezcla esté cremosa. Sirva el *smoothie* en un vaso para tomar de inmediato.

1 ración

smoothie de plátano y fresa

véanse variaciones en la página 33

Se trata de un *smoothie* muy rico y saludable que se ha convertido en un clásico porque los sabores dulces del plátano y la fresa se complementan perfectamente.

1 plátano pelado y cortado en 4 trozos
150 g de fresas sin el tallo
120 ml de yogur natural desnatado
60 ml de leche

Introduzca todos los ingredientes en la batidora. Bátalos durante 1 minuto o hasta que la mezcla esté homogénea. Sirva el *smoothie* en un vaso para tomar de inmediato.

1 ración

smoothie de fresa y albaricoque

véanse variaciones en la página 34

Este *smoothie* se toma sin problemas. Es una de esas combinaciones clásicas que no pueden dejar de gustar.

75 g de fresas sin el tallo
2 albaricoques deshuesados y partidos
    por la mitad
120 ml de yogur natural desnatado
60 ml de leche
1 cucharadita de miel (opcional)

Introduzca todos los ingredientes en la batidora. Bátalos durante 1 minuto o hasta que la mezcla esté cremosa. Sirva el *smoothie* en un vaso para tomar inmediatamente.

1 ración

smoothie de ciruela y maracuyá

véanse variaciones en la página 35

Esta combinación origina un *smoothie* deliciosamente cremoso con el magnífico tono del coral.

3 ciruelas negras o rojas deshuesadas y partidas
    por la mitad
2 maracuyás, sólo la pulpa
120 ml de yogur natural desnatado
60 ml de leche

Introduzca todos los ingredientes en la batidora. Bátalos durante 1 minuto o hasta que la mezcla esté homogénea. Sirva el *smoothie* en un vaso para tomar enseguida.

1 ración

smoothie de mango y maracuyá

véanse variaciones en la página 36

El sabor astringente de la fruta de la pasión contrasta con la intensa dulzura del mango, matizando así el efecto de este aromático *smoothie*.

1 mango mediano deshuesado, pelado y cortado
    a trozos
2 maracuyás, sólo la pulpa
120 ml de yogur natural desnatado
120 ml de leche

Introduzca todos los ingredientes en la batidora. Bátalos durante 1 minuto o hasta que la mezcla esté cremosa. Vierta el *smoothie* en un vaso. Espolvoréelo con unas cuantas semillas de maracuyá, si así lo desea, y sírvalo inmediatamente.

1 ración

smoothie de mora y frambuesa

véanse variaciones en la página 37

El intenso color púrpura de este *smoothie* es perfecto para una foto.

150 g de moras
75 g de frambuesas
120 ml de yogur natural desnatado
60 ml de leche
1 cucharadita de miel (opcional)

Introduzca todos los ingredientes en la batidora. Bátalos durante 1 minuto o hasta que la mezcla esté homogénea. Sirva el *smoothie* en un vaso para tomar de inmediato.

1 ración

smoothie de arándano azul y fresa

véanse variaciones en la página 38

Aproveche si puede los arándanos silvestres que se encuentran a finales de verano.

75 g de arándanos azules
150 g de fresas sin el tallo
120 ml de yogur natural desnatado
60 ml de leche

Introduzca todos los ingredientes en la batidora. Bátalos durante 1 minuto o hasta que la mezcla esté cremosa. Sirva el *smoothie* en un vaso para tomar inmediatamente.

1 ración

smoothie de papaya y mango

véanse variaciones en la página 39

Un *smoothie* espeso y consistente, pero delicadamente perfumado con la esencia de las frutas tropicales.

100 g de papaya
100 g de mango
120 ml de yogur natural desnatado
60 ml de leche

Introduzca todos los ingredientes en la batidora. Bátalos durante 1 minuto o hasta que la mezcla esté homogénea. Sirva el *smoothie* en un vaso para tomar enseguida.

1 ración

smoothie de melón y kiwi

véanse variaciones en la página 40

El verde intenso de esta bebida es tan refrescante como su vibrante dulzura.

100 g de melón de invierno (amarillo)
2 kiwis pelados
120 ml de yogur natural desnatado
60 ml de leche

Introduzca todos los ingredientes en la batidora. Bátalos durante 1 minuto o hasta que la mezcla esté cremosa. Sirva el *smoothie* en un vaso para tomar inmediatamente.

1 ración

smoothie de mora y grosella negra

véanse variaciones en la página 41

Componen este perfecto *smoothie* de otoño los clásicos sabores del bosque.

150 g de moras
75 g de grosellas negras
120 ml de yogur natural desnatado
60 ml de leche

Introduzca todos los ingredientes en la batidora. Bátalos durante 1 minuto o hasta que la mezcla esté homogénea. Sirva el *smoothie* en un vaso para tomar de inmediato.

1 ración

variaciones

smoothie de melocotón y frambuesa

véase la receta básica en la página 15

smoothie de melocotón y frambuesa a la menta
Prepare la receta básica añadiendo unas hojas de menta a la mezcla.

smoothie de melocotón y naranja
Prepare la receta básica sustituyendo las frambuesas y la leche por 180 ml
de zumo de naranja.

smoothie de frambuesa y naranja
Prepare la receta básica suprimiendo el melocotón y la leche. Incremente la
cantidad de frambuesas a 150 g y añada 120 ml de zumo de naranja a la mezcla.

smoothie de melocotón, frambuesa y naranja
Prepare la receta básica supliendo la leche por 60 ml de zumo de naranja.

variaciones

smoothie de plátano y fresa

véase la receta básica en la página 17

smoothie de plátano y fresa
Prepare la receta básica sustituyendo la leche por 60 ml de zumo de naranja.

smoothie de fresa y naranja
Prepare la receta básica, pero suprima la leche y el plátano. Añada 60 ml de zumo de naranja y aumente la cantidad de fresas a 200 g.

smoothie de fresa
Prepare la receta básica prescindiendo del plátano e incremente la cantidad de fresas a 200 g.

smoothie de plátano y frambuesa
Prepare la receta básica reemplazando las fresas por la misma cantidad de frambuesas.

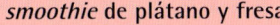

variaciones

smoothie de fresa y albaricoque

véase la receta básica en la página 18

smoothie de frambuesa y albaricoque
Prepare la receta básica sustituyendo las fresas por la misma cantidad de frambuesas.

smoothie de fresa, albaricoque y naranja
Prepare la receta básica supliendo la leche por la misma cantidad de zumo de naranja.

smoothie de fresa, albaricoque y manzana
Prepare la receta básica reemplazando la leche por la misma cantidad de zumo de manzana.

smoothie de fresa, melocotón y manzana
Prepare la receta básica sustituyendo la leche y los albaricoques por 60 ml de zumo de manzana y un melocotón deshuesado y troceado.

variaciones

smoothie de ciruela y maracuyá

véase la receta básica en la página 21

smoothie de ciruela, maracuyá y naranja
Prepare la receta básica, prescinda de la leche y sustitúyala por la misma cantidad
de zumo de naranja.

smoothie de ciruela
Prepare la receta básica, pero sin el maracuyá.

smoothie de ciruela, maracuyá y manzana
Prepare la receta básica, pero sustituya la leche por la misma cantidad de zumo
de manzana.

smoothie de ciruela y naranja
Prepare la receta básica, reemplazando la leche por la misma cantidad de zumo
de naranja. Prescinda también del maracuyá.

smoothie de ciruela y ruibarbo
Prepare la receta básica añadiendo 50 g de ruibarbo cocido.

variaciones

smoothie de mango y maracuyá

véase la receta básica en la página 22

smoothie de mango, maracuyá y lima
Prepare la receta básica añadiendo un chorrito de lima exprimida.

smoothie de mango, maracuyá y naranja
Prepare la receta básica sustituyendo la leche por la misma cantidad de zumo de naranja.

smoothie de mango, maracuyá y piña
Prepare la receta básica prescindiendo de la leche y reemplazándola por la misma cantidad de zumo de piña.

smoothie de mango, maracuyá, naranja y piña
Prepare la receta básica suprimiendo la leche por 1 cucharada de zumo de naranja y 2 cucharadas de zumo de piña.

smoothie de mango, maracuyá y agua de rosas
Prepare la receta básica añadiendo ½ cucharadita de agua de rosas al resto de ingredientes.

variaciones

smoothie de mora y frambuesa

véase la receta básica en la página 25

smoothie de mora
Prepare la receta básica prescindiendo de las frambuesas e incrementando
la cantidad de moras a 225 g.

smoothie de frambuesa
Prepare la receta básica prescindiendo de las moras e incrementando la cantidad
de frambuesas a 225 g.

smoothie de mora y naranja
Prepare la receta básica reemplazando las frambuesas y la leche por 255 g
de naranjas y 60 ml de zumo de naranja.

smoothie de frambuesa y naranja
Prepare la receta básica supliendo las moras y la leche por 225 g de frambuesas
y 60 ml de zumo de naranja.

variaciones

smoothie de arándano azul y fresa

véase la receta básica en la página 26

smoothie de arándano azul, fresa y naranja
Prepare la receta básica sustituyendo la leche por la misma cantidad de zumo de naranja.

smoothie de arándano azul, fresa y manzana
Prepare la receta básica reemplazando la leche por la misma cantidad de zumo de manzana.

smoothie de arándano azul, fresa y piña
Prepare la receta básica supliendo la leche por la misma cantidad de zumo de piña.

smoothie de arándano azul, frambuesa y manzana
Prepare la receta básica sustituyendo la leche y las fresas por 60 ml de zumo de manzana y 150 g de frambuesas.

variaciones

smoothie de papaya y mango

véase la receta básica en la página 28

smoothie de papaya

Prepare la receta básica prescindiendo del mango y añadiendo 100 g más de papaya.

smoothie de papaya y lima

Prepare la receta básica reemplazando el mango por 100 g más de papaya y el zumo de una lima exprimida.

smoothie de mango, papaya y naranja

Prepare la receta básica sustituyendo la leche por la misma cantidad de zumo de naranja.

smoothie de mango, papaya y piña

Prepare la receta básica supliendo la leche por la misma cantidad de zumo de piña.

variaciones

smoothie de melón y kiwi

véase la receta básica en la página 29

smoothie de melón, kiwi y manzana
Prepare la receta básica sustituyendo la leche por la misma cantidad de zumo de manzana.

smoothie de melón, kiwi y naranja
Prepare la receta básica reemplazando la leche por la misma cantidad de zumo de naranja.

smoothie de melón, kiwi y piña
Prepare la receta básica supliendo la leche por la misma cantidad de zumo de piña.

smoothie de kiwi
Prepare la receta básica presciendo del melón y añadiendo 1 kiwi.

variaciones

smoothie de mora y grosella negra

véase la receta básica en la página 31

smoothie de mora, grosella negra y naranja
Prepare la receta básica sustituyendo la leche por la misma cantidad de zumo de naranja.

smoothie de mora, grosella negra y manzana
Prepare la receta básica supliendo la leche por la misma cantidad de zumo de manzana.

smoothie de mora y arándano azul
Prepare la receta básica reemplazando la grosella negra por 75 g de arándanos azules.

smoothie de mora y manzana
Prepare la receta básica sustituyendo la grosella negra y la leche por 75 g más de moras y 60 ml de zumo de manzana.

combinados
para el desayuno

Un *smoothie* de frutas bien espeso resulta
perfecto para el desayuno. Consistentes, saciantes
y saludables, estos *smoothies* son una comida
completa en un vaso y una magnífica forma
de empezar el día.

smoothie de albaricoque para el desayuno

véanse variaciones en la página 60

Un poco de avena en este *smoothie* para el desayuno ayuda a liberar la energía lentamente durante la mañana, y mantiene el efecto saciante hasta la hora de comer. La avena también aporta una textura muy cremosa al *smoothie*, convirtiéndolo en un delicioso inicio de jornada.

3 albaricoques deshuesados y partidos
    por la mitad
180 ml de zumo de manzana
180 ml de yogur natural desnatado
1 cucharadita de miel
1 cucharada de avena

Bata todos los ingredientes en la batidora durante 1 minuto. Vierta el *smoothie* en un vaso para tomar de inmediato.

1 ración

smoothie de arándano azul, frambuesa, melocotón y naranja

véanse variaciones en la página 61

Este delicioso combinado matinal hará que desee poner el despertador unos minutos antes para poder tomarse el *smoothie* cada mañana.

35 g de arándanos azules
35 g de frambuesas
1 melocotón deshuesado
    y partido por la mitad
180 ml de yogur natural desnatado
120 ml de zumo de naranja
2 cucharaditas de miel

Bata todos los ingredientes en la batidora durante 1 minuto. Vierta el *smoothie* en un vaso para tomar inmediatamente.

1 ración

smoothie de plátano, melocotón y fresa

véanse variaciones en la página 62

En los meses de verano, ponga la fruta en el congelador la noche antes de elaborar
el *smoothie*. Así se asegurará de que esté realmente fría y refrescante a la hora del desayuno.

1 plátano pelado y cortado en 4 trozos
1 melocotón deshuesado y partido por la mitad
4 fresas sin el tallo
180 ml de zumo de naranja
1 cucharadita de miel

Introduzca todos los ingredientes en la batidora y bátalos durante 1 minuto. Vierta el *smoothie*
en un vaso para tomar enseguida.

1 ración

smoothie de carnaval

véanse variaciones en la página 63

Tal como su nombre sugiere, se trata de un sabor caribeño y sin duda romperá su rutina matinal.

1 maracuyá, zumo y pulpa
   (tamizado, si lo prefiere)
1 ½ mangos pelados y cortados
   a dados
240 ml de zumo de piña
1 plátano pelado
2 nueces de Brasil

Bata todos los ingredientes en la batidora durante 1 minuto. Vierta el *smoothie* en un vaso para tomar de inmediato.

1 ración

smoothie a tope de plátano

véanse variaciones en la página 64

Un *smoothie* espeso y consistente que le prepara para todo un día de duro trabajo.

1 ¹/₂ **plátanos**
1 **cucharada de mantequilla de cacahuete lisa**
240 ml **de leche**

Introduzca todos los ingredientes en la batidora. Bátalos durante 1 minuto. Vierta el *smoothie* en un vaso para tomar enseguida.

1 ración

zumo despertador

véanse variaciones en la página 65

Los sabores ácidos de este combinado cítrico le harán empezar el día con garra
y le despertarán los sentidos.

2 pomelos pelados
2 naranjas peladas
1 limón pelado

Pase todos los ingredientes por la licuadora. Vierta el zumo en un vaso y sírvalo de inmediato.
El zumo se puede obtener exprimiendo las frutas partidas por la mitad con la ayuda de un
exprimidor.

1 ración

zumo de manzana y naranja

véanse variaciones en la página 66

Puede que se trate de la combinación más clásica y familiar, y por algo es.

3 manzanas enteras
3 naranjas peladas

Pase las manzanas y las naranjas por la licuadora. Vierta el zumo en un vaso para tomar inmediatamente.

1 ración

zumo de nectarina y frambuesa

véanse variaciones en la página 67

El sabor cálido de este zumo le transportará a los días de verano, pero estas frutas están disponibles durante todo el año, así que será un remedio perfecto para esos días en los que el tiempo es de todo menos tropical.

**3 nectarinas deshuesadas y partidas
     por la mitad
150 g de frambuesa**

Introduzca todos los ingredientes en la batidora y bátalos durante 1 minuto. Vierta el zumo en un vaso para tomar enseguida.

1 ración

smoothie de moca

véanse variaciones en la página 68

Una inyección de cafeína matizada por el sabor suave y delicioso del chocolate. En invierno, pruebe a calentar un poco la leche para que resulte aún más apetitoso.

1 plátano pelado y partido en 4 trozos
1 cucharada de cacao en polvo
2 cucharadas de café exprés
240 ml de leche (fría o caliente)

Introduzca todos los ingredientes en la batidora y bátalos durante 1 minuto o hasta que la mezcla esté homogénea. Vierta el *smoothie* en un vaso o una taza y sírvalo inmediatamente.

1 ración

smoothie para un desayuno campestre

véanse variaciones en la página 69

Una nueva tendencia en la elaboración de *smoothies* es utilizar la fruta cocida. Aporta un sabor dulzón al conjunto que no se obtiene con la fruta cruda.

1 manzana
1 pera
200 g de ruibarbo troceado
35 g de moras
el zumo de un limón exprimido
1 cucharadita de miel
120 ml de yogur

Pele, descorazone y corte la manzana y la pera. Ponga toda la fruta en una cacerola con dos cucharadas de agua, el zumo del limón y la miel. Llévelo todo a ebullición y cuézalo a fuego lento 10 minutos o hasta que la fruta esté tierna. Déjela enfriar.

Introduzca la fruta en la batidora con el yogur y bata la mezcla durante 1 minuto o hasta que espese. Vierta el *smoothie* en un vaso para tomar de inmediato. Si lo desea, eche un poco más de miel por encima.

1 ración

smoothie de albaricoque para el desayuno

véase la receta básica en la página 43

smoothie de melocotón y plátano
Prepare la receta básica sustituyendo el albaricoque por 1 melocotón y ½ plátano.

smoothie de arándano azul
Prepare la receta básica prescindiendo del albaricoque y reemplazándolo por 150 g de arándanos azules.

smoothie de albaricoque y germen de trigo
Prepare la receta básica reemplazando los copos de avena por una cucharada de germen de trigo.

smoothie de albaricoque y fresa
Prepare la receta básica supliendo 1 albaricoque por 4 fresas sin el tallo.

variaciones

smoothie de arándano azul, frambuesa, melocotón y naranja

véase la receta básica en la página 44

smoothie de arándano azul y naranja
Prepare la receta básica prescindiendo de las frambuesas y el melocotón
y aumentando la cantidad de arándanos azules a 150 g.

smoothie de arándano azul y melocotón
Prepare la receta básica prescindiendo de las frambuesas y aumentando la
cantidad de arándanos azules a 75 g y el melocotón a 1 ½ deshuesado y partido.

smoothie de frambuesa, albaricoque y naranja
Prepare la receta básica sustituyendo los arándanos y el melocotón por
3 albaricoques deshuesados y partidos.

smoothie de arándano azul, frambuesa, melocotón y manzana
Prepare la receta básica reemplazando el zumo de naranja por la misma cantidad
de zumo de manzana.

variaciones

smoothie de plátano, melocotón y fresa

véase la receta básica en la página 47

smoothie de plátano y melocotón
Prepare la receta básica prescindiendo de las fresas y añadiendo otro melocotón deshuesado y troceado.

smoothie de plátano, melocotón y fresa con yogur
Prepare la receta básica sustituyendo 60 ml de zumo de naranja por 60 ml de yogur.

smoothie de plátano, albaricoque y fresa
Prepare la receta básica reemplazando el melocotón por 2 albaricoques deshuesados y partidos.

smoothie de plátano, melocotón y mora
Prepare la receta básica supliendo las fresas por 35 g de moras.

variaciones

smoothie de carnaval

véase la receta básica en la página 48

smoothie de maracuyá y mango
Prepare la receta básica prescindiendo de las nueces de Brasil y el plátano
y aumentando la cantidad de maracuyá a 2 piezas tamizadas.

smoothie australiano
Prepare la receta básica sustituyendo las nueces de Brasil por 5 nueces
de Macadamia.

smoothie tropical
Prepare la receta básica suprimiendo las nueces de Brasil.

smoothie de papaya y maracuyá
Prepare la receta básica reemplazando las nueces de Brasil y el mango troceado
por ½ papaya cortada y sin semillas, y el zumo de una lima exprimida.

smoothie de carnaval con frutos secos
Prepare la receta básica añadiendo 4 mitades de nueces y 3 almendras peladas.

variaciones

smoothie a tope de plátano

véase la receta básica en la página 51

smoothie a tope de plátano y germen de trigo
Prepare la receta básica añadiendo 1 cucharadita de germen de trigo a la batidora con los demás ingredientes.

smoothie a tope de plátano y fibra
Prepare la receta básica añadiendo 1 cucharadita de fibra a la batidora con los demás ingredientes.

smoothie a tope de plátano y soja
Prepare la receta básica sustituyendo la leche por la misma cantidad de leche de soja.

smoothie a tope de plátano y frutos secos
Prepare la receta básica añadiendo 1 cucharada de su fruto seco preferido a la batidora con los demás ingredientes.

smoothie a tope de plátano y chocolate
Prepare la receta básica añadiendo 1 cucharada de crema de chocolate a la batidora con los demás ingredientes.

variaciones

zumo despertador

véase la receta básica en la página 52

zumo despertador de agua de rosas
Prepare la receta básica. Cuando haya servido el zumo en el vaso, añada
1 cucharadita de agua de rosas a la mezcla y remuévala.

zumo despertador de agua de azahar
Prepare la receta básica. Cuando haya servido el zumo en el vaso, añada
1 cucharadita de agua de azahar a la mezcla y remuévala.

zumo despertador de jengibre
Prepare la receta básica añadiendo 2 cm de rizoma de jengibre pelado a la mezcla
antes de pasarla por la licuadora.

zumo despertador de jengibre y chile
Prepare la receta básica añadiendo 2 cm de rizoma de jengibre pelado y ½ chile
rojo sin semillas a la mezcla antes de pasarla por la licuadora.

zumo despertador con menta
Prepare la receta básica añadiendo 6 hojas de menta a la mezcla antes de pasarla
por la licuadora.

variaciones

zumo de manzana y naranja

véase la receta básica en la página 54

zumo de pera y naranja
Prepare la receta básica reemplazando las manzanas por 3 peras descorazonadas
y sin el tallo.

zumo de piña y naranja
Prepare la receta básica sustituyendo las manzanas por 225 g de piña pelada
y troceada.

zumo de piña y manzana
Prepare la receta básica sin la naranja y sustitúyala por 225 g de piña pelada
y troceada.

zumo de piña y pera
Prepare la receta básica supliendo la naranja y la manzana por 225 g de piña
pelada y troceada y 2 peras descorazonadas y sin el tallo.

variaciones

zumo de nectarina y frambuesa

véase la receta básica en la página 55

zumo de nectarina y fresa
Prepare la receta básica sustituyendo las frambuesas por 5 fresas sin el tallo.

zumo de nectarina y mora
Prepare la receta básica sin las frambuesas y sustitúyalas por 150 g de moras.

zumo de nectarina y arándano azul
Prepare la receta básica reemplazando las frambuesas por 150 g de arándanos azules.

zumo de nectarina y ciruela
Prepare la receta básica prescindiendo de las frambuesas y sustitúyalas por 3 ciruelas deshuesadas y partidas.

zumo de nectarina y albaricoque
Prepare la receta básica supliendo las frambuesas por 2 albaricoques deshuesados y partidos.

variaciones

smoothie de moca

véase la receta básica en la página 56

smoothie de café
Prepare la receta básica prescindiendo del cacao en polvo.

smoothie de capuchino
Prepare la receta básica suprimiendo el cacao en polvo. Cuando lo sirva, espolvoree el *smoothie* con cacao en polvo.

smoothie de moca con crema
Prepare la receta básica añadiendo 2 cucharadas de crema de leche espesa a la mezcla antes de batirla.

smoothie doble de moca
Prepare la receta básica añadiendo doble ración de café exprés (2 cucharadas más) antes de batir.

smoothie de chocolate con naranja
Prepare la receta básica sin el café y sustitúyalo por 1 cucharada de mermelada de naranja diluida en una cucharada de agua caliente.

variaciones

smoothie para un desayuno campestre

véase la receta básica en la página 59

smoothie campestre especiado
Prepare la receta básica añadiendo una cucharadita de mezcla de especias a las frutas cocidas antes de batirlas.

smoothie campestre de ruibarbo, manzana y pera
Prepare la receta básica prescindiendo de las moras.

smoothie campestre de manzana y mora
Prepare la receta básica sustituyendo el ruibarbo y las peras por 1 manzana y 115 g de moras.

smoothie campestre de pera y manzana
Prepare la receta básica reemplazando el ruibarbo y las moras por ½ manzana y ½ pera.

infusiones aromáticas

Añadir ingredientes aromáticos a sus *smoothies*

y zumos los hace aún más atractivos. Pruebe

con cardamomo o hierba limonera para darle

un toque asiático, o con agua de azahar o menta

para aportarle los auténticos sabores de Oriente

Próximo. Este capítulo está lleno de inspiración

aromática.

zumo de mandarina, hierba limonera, chile y menta

véanse variaciones en la página 88

Agregar chile a un zumo de frutas puede sonar raro, pero, en pequeñas cantidades, aporta un sabor potente sin resultar excesivamente picante.

4 mandarinas peladas
1 tallo de hierba limonera sin la parte leñosa
$^{1}/_{2}$ chile rojo alargado sin semillas
5 hojas de menta

Pase los ingredientes por la licuadora, vierta el zumo en un vaso y sírvalo de inmediato.

1 ración

espumoso de lichi, frambuesa y agua de rosas

véanse variaciones en la página 89

La delicada esencia del agua de rosas aporta una nota aún más exótica a la inusual combinación de lichis y frambuesas.

300 g de lichis pelados y deshuesados
150 g de frambuesas
1 cucharadita de agua de rosas
120 ml de agua con gas

Introduzca los ingredientes en la licuadora. Una vez licuados mezcle con el agua de rosas, sirva el zumo en un vaso, añada el agua con gas y sírvalo de inmediato.

1 ración

smoothie de mango, coco y lima

véanse variaciones en la página 90

La adición del zumo de lima aporta un toque ácido necesario a la cremosa mezcla de coco y mango.

1 mango deshuesado y pelado
60 ml de crema de coco
el zumo de 1 lima
240 ml de cubitos de hielo

Introduzca todos los ingredientes en la batidora y bátalos durante 1 minuto o hasta que la mezcla esté homogénea. Vierta el *smoothie* en un vaso para tomar enseguida.

1 ración

combinado de piña, hierba limonera y cardamomo

véanse variaciones en la página 91

En las cocinas occidentales se suele conocer el cardamomo como especia para el curry y otros platos asiáticos. Sin embargo, en el sur de Asia y en Oriente Próximo su uso es muy común en preparados dulces y actúa como un magnífico agente aromático en zumos de estilo asiático como éste.

$^1/_2$ piña pelada y troceada
1 tallo de hierba limonera sin la parte leñosa
las semillas de 2 vainas de cardamomo peladas
el zumo de $^1/_2$ lima

Pase la piña y la hierba limonera por la licuadora, vierta el zumo en la batidora con las semillas de cardamomo y el zumo de la lima y bata durante 30 segundos. Sírvalo en un vaso para tomar inmediatamente.

1 ración

zumo de nectarina, clementina y agua de azahar

véanse variaciones en la página 92

El sabor suave del agua de azahar cierra perfectamente este fabuloso trío frutal.

2 nectarinas deshuesadas y partidas
2 clementinas peladas
½ cucharadita de agua de azahar

Pase los ingredientes por la licuadora, vierta el zumo en un vaso y sírvalo de inmediato.

1 ración

smoothie de papaya, fresa y pistacho

véanse variaciones en la página 93

El pistacho aporta un sabor exótico a estas frutas veraniegas.

1 papaya madura pequeña, pelada y sin semillas
150 g de fresas sin el tallo
25 g de pistachos sin sal y descascarillados
120 ml de yogur natural desnatado
60 ml de leche

Introduzca todos los ingredientes en la batidora y bátalos hasta que la mezcla espese. Vierta el *smoothie* en un vaso para tomar inmediatamente.

1 ración

smoothie de naranja, dátil y agua de azahar

véanse variaciones en la página 94

Muchas recetas marroquíes combinan naranjas y dátiles. He aquí un *smoothie* que utiliza los mismos sabores norteafricanos.

la ralladura y el zumo de 2 naranjas
5 dátiles secos deshuesados
240 ml de yogur natural desnatado
$^1/_2$ cucharadita de agua de azahar

Introduzca todos los ingredientes en la batidora y bátalos hasta que la mezcla espese. Vierta el *smoothie* en un vaso para tomar enseguida.

1 ración

zumo de té verde, manzana y uva

véanse variaciones en la página 95

El té verde es famoso por sus probados beneficios para la salud y combina perfectamente con las frutas frescas para obtener zumos originales.

1 pizca de té verde en polvo (soluble)
120 ml de agua hirviendo
1 manzana
150 g de uvas blancas sin semillas

Mezcle el té verde con el agua y déjelo enfriar en la nevera. Pase la manzana y las uvas por la licuadora, añada el té verde al zumo y sírvalo.

1 ración

combinado de pomelo, albahaca y fresa

véanse variaciones en la página 96

Tres alimentos frescos con sabores muy distintos (ácido, herbal y dulce) que combinan de una forma sorprendente gracias a la cualidad aromática que comparten.

2 pomelos
50 g de fresas
6 hojas de albahaca

Pase el pomelo y las fresas por la licuadora, vierta el zumo en la batidora con las hojas de albahaca y bata la mezcla durante 30 segundos. Sirva el combinado en un vaso para tomar de inmediato.

1 ración

zumo de sandía y fresa

véanse variaciones en la página 97

Pruebe este zumo en verano, cuando ambas frutas se encuentran en el punto máximo de madurez y dulzura.

450 g de sandía
175 g de fresas sin el tallo

Pase la sandía y las fresas por la licuadora, vierta el zumo en un vaso y sírvalo inmediatamente.

1 ración

variaciones

zumo de mandarina, hierba limonera, chile y menta

véase la receta básica en la página 71

zumo de mandarina, lima, hierba limonera, chile y menta
Prepare la receta básica añadiendo el jugo de media lima.

zumo de naranja, hierba limonera, chile y menta
Prepare la receta básica sustituyendo las mandarinas por 3 naranjas.

zumo de mango, hierba limonera, chile y menta
Prepare la receta básica supliendo las mandarinas por 450 g de mango troceado.

zumo de pomelo, hierba limonera, chile y menta
Prepare la receta básica reemplazando las mandarinas por 1 pomelo.

variaciones

espumoso de lichi, frambuesa y agua de rosas

véase la receta básica en la página 72

espumoso de lichi, fresa y agua de rosas
Prepare la receta básica reemplazando las frambuesas por la misma cantidad
de fresas.

espumoso de lichi, arándano azul y agua de rosas
Prepare la receta básica prescindiendo de las frambuesas y sustituyéndolas
por la misma cantidad de arándanos azules.

espumoso de lichi, grosella roja y agua de rosas
Prepare la receta básica supliendo las frambuesas por la misma cantidad
de grosellas rojas.

espumoso de lichi, mora y agua de rosas
Prepare la receta básica reemplazando las frambuesas por la misma cantidad
de moras.

variaciones

smoothie de mango, coco y lima

véase la receta básica en la página 75

***smoothie* de mango, coco, chile y lima**
Prepare la receta básica añadiendo ½ chile rojo sin semillas antes de batir.

***smoothie* de mango, coco, menta y lima**
Prepare la receta básica añadiendo 8 hojas de menta antes de batir.

***smoothie* de mango, coco, albahaca y lima**
Prepare la receta básica añadiendo 8 hojas de albahaca antes de batir.

***smoothie* de mango, coco, chile, menta y lima**
Prepare la receta básica añadiendo ½ chile rojo sin semillas y 6 hojas de menta antes de batir.

***smoothie* de mango, coco, piña y lima**
Prepare la receta básica sin ½ mango y reemplácelo por 115 g de piña pelada y troceada.

variaciones

combinado de piña, hierba limonera y cardamomo

véase la receta básica en la página 76

combinado de piña, hierba limonera y chile
Prepare la receta básica sustituyendo el cardamomo por 1 chile rojo sin semillas.

combinado de piña, hierba limonera y menta
Prepare la receta básica reemplazando el cardamomo por 8 hojas de menta.

combinado de piña, hierba limonera y jengibre
Prepare la receta básica prescindiendo del cardamomo y sustituyéndolo
por 2 ½ cm de rizoma de jengibre pelado.

combinado de piña, jengibre y chile
Prepare la receta básica sin el cardamomo y la hierba limonera y sustitúyalos
por 2 ½ cm de rizoma de jengibre pelado y ½ chile rojo sin semillas.

variaciones

zumo de nectarina, clementina y agua de azahar

véase la receta básica en la página 79

zumo de melocotón, clementina y agua de azahar
Prepare la receta básica supliendo las nectarinas por 2 melocotones.

zumo de mango, clementina y agua de azahar
Prepare la receta básica reemplazando las nectarinas por 225 g de mango pelado y troceado.

zumo de piña, clementina y agua de azahar
Prepare la receta básica prescindiendo de las nectarinas y sustituyéndolas por 225 g de piña pelada y troceada.

zumo de papaya, clementina y agua de azahar
Prepare la receta básica sin las nectarinas y sustituyéndolas por 225 g de papaya pelada y troceada.

zumo de nectarina, clementina y agua de rosas
Prepare la receta básica añadiendo ½ cucharadita de agua de rosas a la licuadora con los demás ingredientes.

variaciones

smoothie de papaya, fresa y pistacho

véase la receta básica en la página 80

smoothie de papaya, fresa y menta
Prepare la receta básica reemplazando los pistachos por 6 hojas de menta.

smoothie de papaya, fresa y agua de rosas
Prepare la receta básica prescindiendo de los pistachos y sustituyéndolos por un chorrito de agua de rosas.

smoothie de papaya, frambuesa y menta
Prepare la receta básica sustituyendo los pistachos y las fresas por 6 hojas de menta y la misma cantidad de frambuesas.

smoothie de papaya, mora, pistacho y menta
Prepare la receta básica supliendo las fresas por la misma cantidad de moras.

variaciones

smoothie de naranja, dátil y agua de azahar

véase la receta básica en la página 82

smoothie de naranja, pasas y agua de azahar
Prepare la receta básica sustituyendo los dátiles por 35 g de pasas.

smoothie de naranja, albaricoque y agua de azahar
Prepare la receta básica sin los dátiles y sustitúyalos por 5 orejones de albaricoques.

smoothie de naranja y albaricoque
Prepare la receta básica reemplazando los dátiles por la misma cantidad de orejones. Omita también el agua de azahar.

smoothie de naranja y dátil
Prepare la receta básica sin el agua de azahar.

variaciones

zumo de té verde, manzana y uva

véase la receta básica en la página 83

zumo de té verde y manzana
Prepare la receta básica prescindiendo de las uvas y aumentando la cantidad
de manzanas a 2 piezas.

zumo de té verde y melocotón
Prepare la receta básica reemplazando las uvas y las manzanas por 3 melocotones
deshuesados.

zumo de té verde y mango
Prepare la receta básica sin las uvas y las manzanas y reemplácelas por 225 g
de mango pelado y troceado.

zumo de té verde y piña
Prepare la receta básica reemplazando las manzanas y las uvas por 225 g de piña
pelada y troceada.

variaciones

combinado de pomelo, albahaca y fresa

véase la receta básica en la página 84

combinado de naranja, albahaca y fresa
Prepare la receta básica sustituyendo el pomelo por 3 naranjas peladas.

combinado de mandarina, albahaca y fresa
Prepare la receta básica reemplazando el pomelo por 5 mandarinas.

combinado de manzana, albahaca y fresa
Prepare la receta básica supliendo el pomelo por 3 manzanas.

combinado de piña, albahaca y fresa
Prepare la receta básica sustituyendo el pomelo por 330 g de piña pelada.

variaciones

zumo de sandía y fresa

véase la receta básica en la página 87

zumo de sandía, fresa y menta
Prepare la receta básica añadiendo 8 hojas de menta a los ingredientes antes de licuarlos.

zumo de sandía, fresa y albahaca
Prepare la receta básica añadiendo 8 hojas de albahaca a los ingredientes antes de licuarlos.

zumo de sandía, fresa y chile
Prepare la receta básica añadiendo ½ chile rojo sin semillas a los ingredientes antes de licuarlos.

zumo de sandía, fresa y hierba limonera
Prepare la receta básica añadiendo 1 tallo de hierba limonera, sin la parte leñosa, a los ingredientes antes de licuarlos.

sanos y tonificantes

Todos los zumos y *smoothies* son ricos en vitaminas
y minerales, pero los combinados repletos de fruta
que hemos escogido en este capítulo le ofrecerán
una buena dosis para su sistema inmunológico.

maxi «C»

véanse variaciones en la página 116

Se trata del reconstituyente definitivo para cuando sienta que se está resfriando, puesto que está cargado de vitamina C en estado puro.

150 g de grosella negra
150 g de grosella roja
2 kiwis pelados
2 naranjas peladas

Pase las grosellas, los kiwis y las naranjas por la licuadora, vierta el zumo en un vaso y sírvalo de inmediato.

1 ración

zumo supervigorizante

véanse variaciones en la página 117

Un zumo de verduras que combina raíces dulces y hojas tiernas aportando una sobrecarga de vitaminas.

1 remolacha cocida, pelada y pulida
2 zanahorias peladas y pulidas
100 g de espinacas mini
$\frac{1}{4}$ de pepino

Pase los ingredientes por la licuadora, vierta el zumo en un vaso y sírvalo inmediatamente.

1 ración

cura para la resaca

véanse variaciones en la página 118

Este combinado es un excelente hidratante que le volverá a poner en forma para afrontar el día que tiene por delante.

1 manzana
1 zanahoria pelada y pulida
2 tallos de apio pulidos
2 cm de rizoma de jengibre
225 g de grosellas y otros frutos del bosque
    secos

Pase los ingredientes por la licuadora, vierta el zumo en un vaso y sírvalo enseguida.

1 ración

zumo para diabéticos

véanse variaciones en la página 119

Este zumo está especialmente indicado para diabéticos, ya que a la canela se le suponen efectos positivos en el sistema digestivo. También contribuye el hecho de que el zumo contenga los reconfortantes sabores de un combinado tradicional.

2 peras sin el tallo
3 manzanas
una pizca de canela

Pase las peras y las manzanas por la licuadora, vierta el zumo en un vaso, espolvoréelo con un poco de canela y sírvalo de inmediato.

1 ración

zumo purificante

véanse variaciones en la página 120

Pruebe este zumo que le ayudará a eliminar toxinas de su cuerpo cuando se sienta saturado: puede limpiar su cuerpo mientras disfruta de una refrescante bebida.

2 manzanas
115 g de melón pelado y sin semillas
$^1/_4$ de pepino
50 g de berros
15 g de pasto de trigo (agropiro) (opcional)

Pase los ingredientes por la licuadora, vierta el zumo en un vaso y sírvalo inmediatamente.

1 ración

remedio para el resfriado

véanse variaciones en la página 121

La miel de manuka tiene propiedades bactericidas que le ayudarán a recuperarse del resfriado.

2 limones pelados
2 cm de rizoma de jengibre pelado
1 cucharada de miel de manuka
180 ml de agua hirviendo
una ramita de romero fresco

Pase el limón y el jengibre por la licuadora, vierta el líquido en una taza grande y mézclelo con la miel de manuka, el agua hirviendo y el romero. Déjelo infusionar unos 5 minutos, deseche el romero y la bebida estará lista para tomar.

1 ración

zumo para mamis

véanse variaciones en la página 122

Un zumo ideal para futuras mamás por su alto contenido en ácido fólico, esencial para la nutrición de la madre y del bebé.

4 ramitos de brécol
3 manzanas
el zumo de ½ lima

Pase el brécol y las manzanas por la licuadora, vierta el zumo en un vaso, mezcle con el zumo de la lima y sírvalo enseguida.

1 ración

smoothie poderoso

véanse variaciones en la página 123

La espirulina es un verdadero superalimento. Cargada de antioxidantes y vitaminas, aporta verdaderos beneficios a la salud. Como es un sabor que no complace a todo el mundo, he añadido este alga a un delicioso *smoothie* que la hace más bebible.

1 plátano pelado
75 g de frutos del bosque variados,
    más 2 para adornar
250 ml de yogur natural desnatado
60 ml de zumo de naranja
1 cucharada de espirulina en polvo

Introduzca todos los ingredientes en la batidora y bátalos durante 1 minuto o hasta que la mezcla esté homogénea. Vierta el *smoothie* en un vaso para tomar de inmediato.

1 ración

smoothie digestivo

véanse variaciones en la página 124

Este *smoothie* rico en fibra ayudará a su sistema digestivo y además, a diferencia de muchos alimentos saludables, éste tiene un sabor magnífico.

1 plátano pelado
5 ciruelas secas deshuesadas
60 ml de zumo de naranja
240 ml de yogur natural desnatado

Introduzca todos los ingredientes en la batidora y bátalos durante 1 minuto o hasta que la mezcla esté homogénea. Vierta el *smoothie* en un vaso para tomar inmediatamente.

1 ración

smoothie para quemar grasas

véanse variaciones en la página 125

Estrictamente hablando, no quema la grasa, sin embargo, se dice que el guaraná acelera el metabolismo por lo que, sin duda, le animará a hacer ejercicio.

35 g de fresas
35 g de frambuesas
35 g de de arándanos azules
35 g de arándanos rojos

60 ml de zumo de manzana
1 cucharadita de guaraná en polvo
1 cucharada de zumo de aloe vera

Introduzca todos los ingredientes en la batidora y bátalos durante 1 minuto o hasta que la mezcla esté cremosa. Vierta en un vaso para tomar enseguida.

1 ración

variaciones

maxi «C»

véase la receta básica en la página 99

super «C»
Prepare la receta básica sustituyendo la grosella negra y roja por 150 g
de moras y 120 g de fresas.

«C» tropical
Prepare la receta básica reemplazando la grosella negra y roja por 225 g
de mango troceado y 225 g de papaya troceada.

zumo de grosella y naranja
Prepare la receta básica sin los kiwis y añada 1 naranja.

zumo de kiwi y naranja
Prepare la receta básica supliendo la grosella negra y roja y aumentando
la cantidad de kiwis a 4 piezas y las naranjas a 3.

variaciones

zumo supervigorizante

véase la receta básica en la página 100

zumo 5 al día
Prepare la receta básica añadiendo un pimiento rojo sin semillas antes de pasar
los ingredientes por la licuadora.

zumo de espinacas y pepino
Prepare la receta básica prescindiendo de la remolacha y las zanahorias
y aumentando la cantidad de pepino a 1 entero.

zumo superespeciado
Prepare la receta básica añadiendo ½ cucharada de salsa Worcestershire y una
pizca de Tabasco antes de servir.

zumo de remolacha, espinacas y pepino
Prepare la receta básica prescindiendo de la zanahoria y aumentando la cantidad
de remolacha a 3 piezas pequeñas.

variaciones

cura para la resaca

véase la receta básica en la página 101

frutos del bosque variados, limón y jengibre
Prepare la receta básica prescindiendo de la manzana, la zanahoria y el apio,
e incrementando la cantidad de frutos del bosque variados y grosella a 375 g.
Añada ½ limón pelado antes de pasar los ingredientes por la licuadora.

frutos del bosque variados, manzana y jengibre
Prepare la receta básica prescindiendo de la zanahoria y el apio, e incrementando
la cantidad de frutos del bosque variados y grosella a 300 g.

frutos del bosque variados y zumo de manzana
Prepare la receta básica prescindiendo de la zanahoria y el apio, e incrementando
la cantidad de frutos del bosque variados y grosella a 300 g. Añada 1 manzana
más.

frutos del bosque variados, naranja y jengibre
Prepare la receta básica prescindiendo de la manzana, la zanahoria y el apio,
e incrementando la cantidad de frutos del bosque variados y grosella a 300 g.
Añada 2 naranjas peladas antes de pasar los ingredientes por la licuadora.

variaciones

zumo para diabéticos

véase la receta básica en la página 103

zumo a tope de manzana
Prepare la receta básica prescindiendo de las peras y añadiendo 2 manzanas más.

zumo a tope de pera
Prepare la receta básica prescindiendo de las manzanas y añadiendo 2 peras más.

zumo de vainilla y manzana
Prepare la receta básica prescindiendo de las peras y añadiendo 2 manzanas más.
Cuando tenga el zumo en el vaso, espolvoree sobre él las semillas de ¼ de vainilla
en rama y añada el zumo de 1 limón exprimido. Remueva antes de tomarlo.

zumo de vainilla y pera
Prepare la receta básica prescindiendo de las manzanas y añadiendo 2 peras más.
Cuando tenga el zumo en el vaso, espolvoree sobre él las semillas de ¼ de vainilla
en rama y añada el zumo de 1 limón exprimido. Remueva antes de tomarlo.

variaciones

zumo purificante

véase la receta básica en la página 104

zumo de pepino y berros
Prepare la receta básica prescindiendo de las manzanas y el melón, y añadiendo ½ pepino más.

zumo de manzana y melón
Prepare la receta básica sustituyendo el pepino y los berros por otra manzana y 115 g más de melón troceado.

zumo de manzana y pepino
Prepare la receta básica prescindiendo de los berros y el melón, y añadiendo ½ pepino más.

zumo de pepino y menta
Prepare la receta básica prescindiendo de las manzanas, los berros y el melón, y añadiendo ½ pepino más y unas hojas de menta fresca.

variaciones

remedio para el resfriado

véase la receta básica en la página 107

remedio para el resfriado con naranja
Prepare la receta básica sustituyendo los limones por 1 naranja grande pelada.

remedio para el resfriado con naranja y limón
Prepare la receta básica reemplazando 1 de los limones por 1 naranja grande pelada.

remedio para el resfriado con pomelo
Prepare la receta básica supliendo los limones por 1 pomelo pelado.

remedio extrafuerte para el resfriado
Prepare la receta básica añadiendo 1 cucharada de coñac a la bebida antes de dejarla reposar.

variaciones

zumo para mamis

véase la receta básica en la página 108

zumo de brécol, apio y manzana
Prepare la receta básica sustituyendo 1 ramito de brécol por 1 tallo de apio.

zumo de brécol y lima
Prepare la receta básica reemplazando las manzanas por 6 ramitos de brécol más.

variaciones

smoothie poderoso

véase la receta básica en la página 111

smoothie vegetal poderoso
Prepare la receta básica sustituyendo la espirulina por 1 cucharada de verduras deshidratadas en polvo.

smoothie de guaraná poderoso
Prepare la receta básica reemplazando la espirulina por 1 cucharadita de guaraná.

smoothie de aloe vera poderoso
Prepare la receta básica supliendo la espirulina por 1 cucharada de zumo de aloe vera.

smoothie de miel de manuka poderoso
Prepare la receta básica sustituyendo la espirulina por 2 cucharaditas de miel de manuka.

variaciones

smoothie digestivo

véase la receta básica en la página 112

smoothie digestivo con higos
Prepare la receta básica sustituyendo las ciruelas secas por 5 higos secos.

smoothie digestivo con aceite de linaza
Prepare la receta básica añadiendo 1 cucharada de aceite de linaza puro a los demás ingredientes.

smoothie digestivo con higos y aceite de linaza
Prepare la receta básica reemplazando las ciruelas secas por 5 higos secos. Añada 1 cucharada de aceite de lino a los demás ingredientes.

smoothie superdigestivo
Prepare la receta básica añadiendo 1 cucharada de aceite puro de linaza y 2 higos secos a los demás ingredientes.

variaciones

smoothie para quemar grasas

véase la receta básica en la página 115

smoothie para quemar grasas con té verde
Prepare la receta básica supliendo el zumo de manzana por 60 ml de té verde
diluido.

smoothie de manzana y frutos del bosque
Prepare la receta básica prescindiendo del aloe vera y el guaraná.

smoothie para quemar grasas diariamente
Prepare la receta básica sustituyendo el zumo de manzana por 60 ml de yogur
natural desnatado.

smoothie para quemar grasas con jengibre
Prepare la receta básica añadiendo 1 cucharadita de rizoma de jengibre, pelado
y rallado, a los demás ingredientes antes de batirlos.

explosión jugosa

Tomarse un vaso de puro zumo, sin ningún tipo de agente espesante o sabor artificial, es siempre una experiencia memorable. La dulzura y madurez de cada ingrediente se perciben en estos combinados con una claridad deliciosa. Pruebe alguna de estas recetas y pronto se enganchará a los zumos.

diosa verde

véanse variaciones en la página 144

A primera vista parece una combinación extraña, pero no se deje engañar: es una deliciosa mezcla de frutas y verduras con un gran poder purificante, magnífica para la digestión.

2 tallos de apio limpios y partidos
1 manzana
1 kiwi pelado
1 pera
1 puñado de espinacas mini
½ pepino
el zumo de 1 lima

Pase el apio, la manzana, el kiwi, la pera, las espinacas y el pepino por la licuadora, vierta el zumo en un vaso, exprima la lima y sírvalo de inmediato.

1 ración

amanecer y resplandor

véanse variaciones en la página 145

Un magnífico zumo con el cálido toque del jengibre.

2 manzanas
3 zanahorias pulidas
2 cm de rizoma de jengibre fresco pelado

Pase los ingredientes por la licuadora, vierta el zumo en un vaso y sírvalo inmediatamente.

1 ración

zumo de raíces

véanse variaciones en la página 146

La vibrante intensidad del color de este zumo le confiere una apariencia tan impresionante como su sabor dulce y suave.

2 remolachas grandes pulidas
2 zanahorias pulidas
2 cm de rizoma de jengibre fresco pelado

Pase los ingredientes por la licuadora, vierta el zumo en un vaso y sírvalo enseguida.

1 ración

puro zumo

véanse variaciones en la página 147

Éste es un zumo que fulmina la sed: ligero, refrescante y de buen tomar. El melón amarillo u ogen o el cantalupo son opciones deliciosas, pero cualquier otro melón de pulpa verde también hará las veces.

$1/_3$ de pepino
225 g de melón amarillo u ogen pelado y cortado
   a dados
1 tallo de apio pulido
6 hojas de menta

Pase los ingredientes por la licuadora, vierta el zumo en un vaso y sírvalo de inmediato.

1 ración

melones variados

véanse variaciones en la página 148

Estas tres dulces frutas consiguen combinar mágicamente. Es una mezcla perfecta tanto para niños como para adultos.

1 tajada grande de sandía pelada y cortada
  a dados
1 tajada grande de melón cantalupo
  (melón francés) pelada y cortada a dados

1 tajada grande de melón ogen (melón amarillo)
  pelado y cortado a dados

Pase los ingredientes por la licuadora, vierta el zumo en un vaso y sírvalo inmediatamente.

1 ración

zumo de naranja, mango y lima

véanse variaciones en la página 149

Si nunca ha probado el zumo recién licuado del mango, este zumo le supondrá un verdadero reto. Es uno de mis favoritos.

3 naranjas peladas
1 mango grande pelado, deshuesado y troceado
el zumo de ½ lima

Pase el mango y las naranjas por la licuadora, vierta el zumo en un vaso, añada el zumo de la lima y sírvalo enseguida.

1 ración

zumo de arándanos, manzana y naranja

véanse variaciones en la página 150

El sabor ácido de los arándanos es muy refrescante y convierte este zumo en un buen remedio para la sed.

115 g de arándanos
2 manzanas
2 naranjas peladas

Pase los ingredientes por la licuadora, vierta el zumo en un vaso y sírvalo de inmediato.

1 ración

zumo de zanahoria, manzana, apio y remolacha

véanse variaciones en la página 151

Para aquellos que tengan sus reservas con los zumos de remolacha, esta combinación es perfecta para familiarizarse con su sabor: es dulce, ligero y muy bebible.

1 zanahoria pulida
1 manzana
1 tallo de apio
2 remolachas pequeñas limpias

Pase los ingredientes por la licuadora, vierta el zumo en un vaso y sírvalo inmediatamente.

1 ración

zumo otoñal

véanse variaciones en la página 152

Los sabores dulzones de este zumo, así como el hecho de que las frutas utilizadas se cosechen en otoño, lo convierten en una bebida particularmente apropiada para esa estación.

2 manzanas
2 peras sin el tallo
150 g de moras

Pase los ingredientes por la licuadora, vierta el zumo en un vaso y sírvalo enseguida.

1 ración

zumo vegetal

véanse variaciones en la página 153

Es una comida en un vaso: repleta de sabor, vitamina C y minerales esenciales como el hierro.

1 ramito de brécol
2 tallos de apio pulidos
1 zanahoria pulida
1 pimiento rojo descorazonado y sin semillas

4 tomates
1 puñadito de hojas de perejil
25 g de berros
1 pizca de sal

Pase los ingredientes por la licuadora, vierta el zumo en un vaso y sírvalo de inmediato.

1 ración

variaciones

diosa verde

véase la receta básica en la página 127

diosa verde extra de manzana y kiwi
Prepare la receta básica sustituyendo la pera, las espinacas y el pepino
por 1 manzana adicional y 1 kiwi más.

diosa verde de manzana y pera
Prepare la receta básica reemplazando el apio, las espinacas y el pepino
por 1 manzana adicional y 1 pera más.

zumo de pepino, manzana y apio
Prepare la receta básica supliendo la pera, las espinacas y el kiwi por 1 manzana
adicional y ½ pepino más.

zumo de espinacas, pepino y apio
Prepare la receta básica reemplazando la manzana, la pera y el kiwi e
incrementando la cantidad de espinacas a 2 puñados, el pepino a 1 pieza y el apio
a 3 tallos.

variaciones

amanecer y resplandor

véase la receta básica en la página 128

zumo de zanahoria y manzana
Prepare la receta básica prescindiendo del jengibre.

zumo de zanahoria y naranja
Prepare la receta básica sustituyendo el jengibre y las manzanas por 2 naranjas peladas.

zumo de zanahoria, naranja y cilantro
Prepare la receta básica reemplazando las manzanas por 2 naranjas peladas y un puñadito de hojas de cilantro.

zumo de zanahoria, manzana y menta
Prepare la receta básica supliendo el jengibre por 6 hojas de menta.

variaciones

zumo de raíces

véase la receta básica en la página 131

zumo de zanahoria y jengibre
Prepare la receta básica prescindiendo de las remolachas e incrementando
la cantidad de zanahorias a 5.

zumo de remolacha, naranja y jengibre
Prepare la receta básica reemplazando las zanahorias por 3 naranjas peladas.

zumo de remolacha y zanahoria
Prepare la receta básica prescindiendo del jengibre.

zumo de remolacha y jengibre
Prepare la receta básica suprimiendo las zanahorias y añadiendo otra remolacha
grande.

variaciones

puro zumo

véase la receta básica en la página 132

zumo de melón y pepino
Prepare la receta básica prescindiendo de la menta y el apio e incrementando
la cantidad de pepino a ½.

zumo de melón, pepino y menta
Prepare la receta básica prescindiendo del apio e incrementando la cantidad
de pepino a ½.

zumo de pepino, manzana y menta
Prepare la receta básica prescindiendo del melón y el apio, incrementando
la cantidad de pepino a ½ y añadiendo 2 manzanas.

zumo de pepino y apio
Prepare la receta básica prescindiendo del melón y la menta e incrementando
la cantidad de apio a 2 tallos y la de pepino a ½ unidad.

variaciones

melones variados

véase la receta básica en la página 133

zumo de melón y agua de rosas
Prepare la receta básica y añada 1 cucharadita de agua de rosas después de servir el zumo en el vaso.

zumo de melón y agua de azahar
Prepare la receta básica y añada 1 cucharadita de agua de azahar después de servir en el vaso.

melones variados con menta
Prepare la receta básica añadiendo 6 hojas de menta antes de pasar los ingredientes por la licuadora.

zumo de melón y fresa
Prepare la receta básica añadiendo 6 fresas grandes sin el tallo antes de pasar los ingredientes por la licuadora.

variaciones

zumo de naranja, mango y lima

véase la receta básica en la página 135

zumo de mango y lima
Prepare la receta básica suprimiendo las naranjas y añadiendo otro mango.

zumo de mango y maracuyá
Prepare la receta básica prescindiendo de las naranjas y añadiendo 1 mango más.
Con el zumo de la lima, añada el de 2 maracuyás.

zumo de mango y piña
Prepare la receta básica sustituyendo las naranjas por 225 g de piña pelada
y troceada.

zumo de mango, piña y maracuyá
Prepare la receta básica reemplazando las naranjas por 225 g de piña troceada.
Con el zumo de la lima, añada el de 2 maracuyás.

variaciones

zumo de arándanos, manzana y naranja

véase la receta básica en la página 136

zumo de arándanos y manzana
Prepare la receta básica prescindiendo de las naranjas y añadiendo 2 manzanas adicionales.

zumo de arándanos, naranja y melocotón
Prepare la receta básica supliendo las manzanas por 1 melocotón pelado y deshuesado.

zumo de manzana, naranja y frambuesa
Prepare la receta básica sustituyendo 35 g de arándanos frescos por la misma cantidad de frambuesas.

zumo de arándanos, manzana, naranja y fresa
Prepare la receta básica reemplazando 35 g de arándanos frescos por la misma cantidad de fresas sin tallo.

zumo de arándanos, manzana, naranja y menta
Prepare la receta básica añadiendo 8 hojas de menta fresca a los demás ingredientes.

variaciones

zumo de zanahoria, manzana, apio y remolacha

véase la receta básica en la página 139

zumo de zanahoria, apio y remolacha
Prepare la receta básica suprimiendo la manzana y añadiendo 1 zanahoria más.

zumo de zanahoria, manzana y remolacha
Prepare la receta básica prescindiendo del apio y añadiendo 1 manzana más.

zumo de remolacha y apio
Prepare la receta básica reemplazando la zanahoria y la manzana por 1 remolacha
adicional y 1 tallo de apio más.

zumo de zanahoria, apio, remolacha y pera
Prepare la receta básica sustituyendo la manzana por 1 pera pelada
y descorazonada.

variaciones

zumo otoñal

véase la receta básica en la página 140

zumo de manzana, pera y frambuesa
Prepare la receta básica sustituyendo las moras por 150 g de frambuesas.

zumo de manzana, pera y fresa
Prepare la receta básica reemplazando las moras por 150 g de fresas sin el tallo.

zumo de manzana, pera y arándano azul
Prepare la receta básica sustituyendo las moras por 150 g de arándanos azules.

zumo de manzana, pera y naranja
Prepare la receta básica supliendo las moras por 1 naranja pelada.

zumo vegetal

véase la receta básica en la página 143

zumo vegetal «bloody mary»
Prepare la receta básica. Tras pasar los ingredientes por la licuadora, añada
2 cucharadas de vodka, ½ cucharada de salsa Worcestershire, un poco de
Tabasco, una pizca de sal de apio, el zumo de 1 limón y una pizca generosa
de pimienta negra molida.

zumo vegetal «virgin mary»
Prepare la receta básica. Tras pasar los ingredientes por la licuadora, añada
½ cucharada de salsa Worcestershire, un poco de Tabasco, una pizca de sal
de apio, el zumo de 1 limón y una pizca generosa de pimienta negra molida.

zumo vegetal con un toque picante
Prepare la receta básica añadiendo 1 cucharadita de salsa de chile y una pizca
generosa de pimienta negra molida.

zumo vegetal con un toque cítrico
Prepare la receta básica añadiendo 1 cucharadita de zumo de limón
y 1 cucharadita de zumo de lima antes de servir.

combinados
para niños

A veces puede resultar difícil que los niños aprecien

las cualidades nutrientes de frutas y verduras, pero,

en este capítulo, las recetas son tan deliciosas

que seguro que querrán más. Doble, triplique

o cuadruplique los ingredientes para obtener

la cantidad suficiente para toda la familia.

zumo de manzana, grosella negra y saúco

véanse variaciones en la página 172

Un viejo clásico con encanto que sigue atrayendo a los niños hoy en día tanto como antaño.

2 manzanas
75 g de grosellas negras
½ cucharada de cordial de saúco

Pase las manzanas y las grosellas negras por la licuadora, vierta el zumo en un vaso, añada el cordial de saúco y sírvalo de inmediato.

1 ración

zumo de san Clemente

véanse variaciones en la página 173

«Naranjas y limones dicen las campanas de san Clemente», reza aquella antigua rima. Una combinación simple y clásica con un sabor de lo más cítrico.

1 naranja pelada
3 clementinas peladas
1 limón pelado

Pase los ingredientes por la licuadora, vierta el zumo en un vaso y sírvalo inmediatamente. En esta receta también podría utilizar un exprimidor en lugar de la licuadora.

1 ración

smoothie de melocotón con miel

véanse variaciones en la página 174

El clásico *smoothie* de melocotón con miel, reinventado: un simple *smoothie* de melocotón con un *coulis* de frambuesa que da a cada sorbo un cierto toque ácido.

Para el *coulis*

75 g de frambuesas
el jugo de 1 limón
1 cucharadita de miel

Para el *smoothie*

2 melocotones deshuesados y troceados
120 ml de yogur desnatado
60 ml de leche

Introduzca los ingredientes del *coulis* en la batidora y bátalos hasta que la mezcla esté homogénea y resérvela. Si no le gusta la textura de las semillas, pase el *coulis* por el chino. No se moleste en limpiar la batidora, ya que así dará un atractivo color rosado al *smoothie* de melocotón.

Introduzca los ingredientes del *smoothie* en la batidora y bátalos durante 1 minuto o hasta que la mezcla espese. Vierta en un vaso grande, añada el *coulis* de frambuesa, remuévalo un poco y vierta el *smoothie* en otro vaso para servirlo.

1 ración

smoothie de mantequilla de cacahuete con mermelada

véanse variaciones en la página 175

Este clásico americano para los sándwiches se transforma perfectamente en un dulce *smoothie* que los niños adorarán como manjar especial.

1 plátano pelado y troceado
1 cucharada de mermelada de fresa
1 cucharada de mantequilla de cacahuete lisa
120 ml de yogur natural desnatado
60 ml de leche

Introduzca todos los ingredientes en la batidora y bátalos hasta que la mezcla esté homogénea. Vierta el *smoothie* en un vaso para tomar de inmediato.

1 ración

batido de chocolate con nubes

véanse variaciones en la página 176

Un aterciopelado batido de rico chocolate con nubes de golosina: una gran tentación para los niños.

300 ml de helado de chocolate
2 cucharadas de leche
1 cucharada de salsa de chocolate
50 g de nubes de golosina pequeñas
    (*marshmallows*)

Introduzca el helado de chocolate y la leche en la batidora y bata la mezcla hasta que espese. Vierta el batido en un cuenco, añada la salsa de chocolate y las nubes, y mézclelo. Sírvalo en un vaso para tomar inmediatamente.

1 ración

smoothie de plátano y dulce de leche

véanse variaciones en la página 177

Este rico e irresistible *smoothie* toma su dulzura del dulce de leche y su textura cremosa del yogur.

1 ½ **plátanos**
1 **cucharada de dulce de leche**
120 **ml de yogur natural desnatado**
60 **ml de leche**
1 **galleta de jengibre**

Introduzca el plátano, el dulce de leche, el yogur y la leche en la batidora y bata la mezcla hasta que espese. Vierta el *smoothie* en un vaso, desmenuce la galleta por encima y sírvalo.

1 ración

refresco de piña

véanse variaciones en la página 178

Una sabrosa variante de la clásica limonada, perfecta para servir con una jarra alta en esas largas tardes de verano.

¼ de piña pelada
60 ml de agua con gas

Pase la piña por la licuadora, vierta el zumo en un vaso y añada el agua con gas.

1 ración

espumoso de fresa y nectarina

véanse variaciones en la página 179

Añadir agua con gas a la fruta natural alarga la cantidad de zumo. Esta receta también puede sustituir al cava cuando tenga algo que celebrar y no quiera tomar alcohol.

150 g de fresas sin el tallo
2 nectarinas deshuesadas y troceadas
60 ml de agua con gas

Pase la fruta por la licuadora, vierta el zumo en un vaso y añada el agua con gas.

1 ración

smoothie de tarta de queso con fresas

véanse variaciones en la página 180

Este *smoothie* parece una tarta bocabajo, con la parte crujiente de la galleta arriba y la parte cremosa y la fruta debajo.

150 g de fresas sin el tallo
1 cucharada de mermelada de fresa
120 ml de mascarpone
120 ml de yogur natural desnatado

1 cucharadita de extracto de vainilla
1 galleta de jengibre

Introduzca las fresas, la mermelada, el mascarpone, el yogur y el extracto de vainilla en la batidora y bata la mezcla durante 1 minuto o hasta que espese. Vierta el *smoothie* en un vaso y desmenuce la galleta por encima.

1 ración

zumo monstruoso

véanse variaciones en la página 181

Su verde espeluznante lo hace perfecto para Halloween, pero a los niños les encantará en cualquier época del año.

1 kiwi pelado
150 g de uvas blancas sin semillas
225 g de melón pelado y troceado
3 manzanas verdes

Pase los ingredientes por la licuadora, vierta el zumo en un vaso y sírvalo de inmediato.

1 ración

variaciones

zumo de manzana, grosella negra y saúco

véase la receta básica en la página 155

zumo de manzana y saúco
Prepare la receta básica sustituyendo las grosellas negras por 1 manzana extra.

zumo de manzana, mora y saúco
Prepare la receta básica supliendo las grosellas negras por la misma cantidad de moras.

zumo de manzana, frambuesa y saúco
Prepare la receta básica reemplazando las grosellas negras por la misma cantidad de frambuesas.

zumo de manzana, fresa y saúco
Prepare la receta básica sustituyendo las grosellas negras por la misma cantidad de fresas.

variaciones

zumo de san Clemente

véase la receta básica en la página 156

zumo de naranja y clementina
Prepare la receta básica sustituyendo el limón por 1 naranja extra adicional.

zumo de clementina, limón y lima
Prepare la receta básica reemplazando la naranja por 1 lima pelada
y ½ cucharadita de azúcar.

zumo de naranja y limón
Prepare la receta básica supliendo las clementinas por otras 2 naranjas peladas.

zumo de mandarina y limón
Prepare la receta básica sustituyendo la naranja y las clementinas
por 3 mandarinas peladas y ½ cucharadita de azúcar.

variaciones

smoothie de melocotón con miel

véase la receta básica en la página 159

remolino de fresa y frambuesa
Prepare la receta básica sustituyendo los melocotones por la misma cantidad de fresas.

remolino de melocotón y arándano azul
Prepare la receta básica reemplazando las frambuesas por la misma cantidad de arándano azul.

remolino de mango y frambuesa
Prepare la receta básica supliendo los melocotones por 225 g de mango troceado.

remolino de plátano y frambuesa
Prepare la receta básica sustituyendo los melocotones por 1½ plátanos.

variaciones

smoothie de mantequilla de cacahuete con mermelada

véase la receta básica en la página 160

smoothie de mantequilla de cacahuete con mermelada de frambuesa
Prepare la receta básica sustituyendo la mermelada de fresa por la misma cantidad de mermelada de frambuesa.

smoothie de mantequilla de cacahuete con mermelada de mora
Prepare la receta básica reemplazando la mermelada de fresa por la misma cantidad de mermelada de mora.

smoothie de mantequilla de cacahuete con mermelada de grosella negra
Prepare la receta básica supliendo la mermelada de fresa por la misma cantidad de mermelada de grosella negra.

smoothie de mantequilla de cacahuete con mermelada de naranja
Prepare la receta básica sustituyendo la mermelada de fresa por la misma cantidad de mermelada de naranja.

smoothie de mantequilla de cacahuete con sirope de chocolate
Prepare la receta básica reemplazando la mermelada de fresa por la misma cantidad de crema de chocolate para untar.

variaciones

batido de chocolate con nubes

véase la receta básica en la página 163

batido de chocolate blanco con nubes
Prepare la receta básica sustituyendo el helado de chocolate por la misma
cantidad de helado de chocolate blanco.

batido de chocolate blanco con remolinos de fresa
Prepare la receta básica supliendo el helado de chocolate por la misma cantidad
de helado de chocolate blanco. Reemplace la salsa de chocolate por salsa de fresa.

remolino de chocolate
Prepare la receta básica prescindiendo de las nubes.

batido de chocolate a la naranja con nubes
Prepare la receta básica reemplazando la salsa de chocolate por la misma
cantidad de mermelada de naranja dulce diluida en 1 cucharada de agua caliente.

batido de moca con nubes
Prepare la receta básica añadiendo 2 cucharadas de café exprés.

variaciones

smoothie de plátano y dulce de leche

véase la receta básica en la página 164

smoothie de plátano, dulce de leche y chocolate
Prepare la receta básica adornando el *smoothie* con chocolate rallado muy fino.

smoothie de plátano y chocolate
Prepare la receta básica sustituyendo el dulce de leche por la misma cantidad de salsa de chocolate.

smoothie de fresa y dulce de leche
Prepare la receta básica reemplazando el plátano por 150 g de fresas sin el tallo.

smoothie de melocotón y dulce de leche
Prepare la receta básica supliendo el plátano por melocotones deshuesados y troceados.

variaciones

refresco de piña

véase la receta básica en la página 166

refresco de piña con menta
Prepare la receta básica, vierta el zumo en un vaso helado y adórnelo con unas hojas de menta fresca.

refresco de naranja
Prepare la receta básica sustituyendo la piña por 3 naranjas peladas.

refresco de manzana
Prepare la receta básica reemplazando la piña por 3 manzanas.

refresco de limón
Prepare la receta básica supliendo la piña por 3 limones pelados. Añada al zumo 1 cucharada de azúcar después de licuar los limones y remuévalo.

refresco de cereza
Prepare la receta básica sustituyendo la piña por 150 g de cerezas deshuesadas.

espumoso de fresa y nectarina

véase la receta básica en la página 167

espumoso de fresa
Prepare la receta básica prescindiendo de las nectarinas e incrementando
la cantidad de fresas a 300 g.

espumoso de frambuesa y nectarina
Prepare la receta básica sustituyendo las fresas por la misma cantidad
de frambuesas.

espumoso de nectarina
Prepare la receta básica suprimiendo las fresas y añadiendo ½ nectarina más.

espumoso de fresa y frambuesa
Prepare la receta básica reemplazando las nectarinas por 150 g de frambuesas.

variaciones

smoothie de tarta de queso con fresas

véase la receta básica en la página 168

smoothie de tarta de queso con moras
Prepare la receta básica sustituyendo las fresas y la mermelada de fresa
por la misma cantidad de moras y mermelada de mora.

smoothie de tarta de queso con frambuesas
Prepare la receta básica reemplazando las fresas y la mermelada de fresa
por la misma cantidad de frambuesas y mermelada de frambuesas.

smoothie de tarta de queso con ruibarbo
Prepare la receta básica supliendo las fresas y la mermelada de fresa
por la misma cantidad de ruibarbo y mermelada de ruibarbo.

smoothie de tarta de queso a la vainilla
Prepare la receta básica sustituyendo las fresas y la mermelada de fresa por 60 g
extra de mascarpone.

variaciones

zumo monstruoso

véase la receta básica en la página 171

zumo monstruoso con gusanos
Prepare la receta básica añadiendo unas cuantas gominolas en forma de gusano
al vaso para darle un aspecto aún más monstruoso.

zumo monstruoso rojo
Prepare el zumo con 1 ciruela negra, 150 g de uvas negras sin semillas, 225 g
de sandía troceada y 3 manzanas rojas en lugar de utilizar las frutas de la receta
básica.

zumo de uvas y kiwi
Prepare la receta básica prescindiendo del melón verde y las manzanas. Añada
1 kiwi más y 150 g extra de uvas.

zumo de melón y uvas
Prepare la receta básica prescindiendo del kiwi y la manzana e incrementando
la cantidad de uvas a 225 g y de melón a 340 g.

batidos

Si bien el principal ingrediente de los *smoothies*

es la fruta, el de los batidos es el helado denso.

Todas las combinaciones de este capítulo son

deliciosamente suaves y cremosas.

batido de plátano

véanse variaciones en la página 198

Este batido, con el que todos hemos crecido, nunca pierde su encanto.

1 plátano pelado y troceado
300 ml de helado de vainilla
2 cucharadas de leche

Introduzca todos los ingredientes en la batidora y bátalos durante 1 minuto. Sirva el batido en un vaso para tomar de inmediato.

1 ración

batido de frambuesa y chocolate blanco

véanse variaciones en la página 199

Escoja el helado de la mejor calidad que encuentre, pues en este batido se nota realmente la diferencia.

115 g de frambuesas
300 ml de helado de chocolate blanco
2 cucharadas de leche

Introduzca todos los ingredientes en la batidora y bátalos durante 1 minuto. Sirva el batido en un vaso para tomar inmediatamente.

1 ración

batido de frutos del bosque variados

véanse variaciones en la página 200

El sabor de los frutos del bosque variados consigue que este delicioso y refrescante batido sea ideal para el verano

150 g en total de arándanos azules, moras,
    fresas y frambuesas
300 ml de helado de vainilla
2 cucharadas de leche

Introduzca todos los ingredientes en la batidora y bátalos durante 1 minuto. Sirva el batido en un vaso para tomar enseguida.

1 ración

batido de pera, chocolate y jengibre

véanse variaciones en la página 201

La pera y el chocolate constituyen una inspirada combinación con gran aceptación. Seguro que este batido suave se convierte en uno de sus preferidos.

2 ½ cm de rizoma de jengibre fresco
1 pera madura
300 ml de helado de chocolate
2 cucharadas de leche

Pele y ralle el rizoma de jengibre. Introduzca todos los ingredientes en la batidora y bátalos durante 1 minuto. Sirva el batido en un vaso para tomar de inmediato.

1 ración

batido de chocolate y naranja

véanse variaciones en la página 202

Una deliciosa variante del clásico batido de chocolate.

el zumo de 1 naranja pequeña
la ralladura de la cáscara de ½ naranja
300 ml de helado de chocolate
2 cucharadas de leche
3 cucharadas de maicena

Introduzca todos los ingredientes en la batidora y bátalos durante 1 minuto. Sirva el batido en un vaso para tomar inmediatamente.

1 ración

lassi de fresa y menta

véanse variaciones en la página 203

El *lassi* es un batido con leche y yogur típico de la India. Es mucho más refrescante de lo que se pueda imaginar.

8 fresas sin el tallo
240 ml de leche
120 ml de yogur natural desnatado
1 cucharadita de azúcar
4 hojas de menta fresca

Introduzca todos los ingredientes en la batidora y bátalos durante 1 minuto. Sirva el *lassi* en un vaso para tomar enseguida.

1 ración

lassi de mango y cardamomo

véanse variaciones en la página 204

Este *lassi* le ofrece un verdadero sabor indio, puesto que combina la fruta favorita del subcontinente con una especia tradicional de la India.

las semillas de 2 vainas de cardamomo
1 mango pelado, deshuesado y troceado
240 ml de leche
120 ml de yogur natural desnatado
1 cucharadita de azúcar (opcional)

Muela las semillas de cardamomo con la ayuda de un mortero. Introduzca todos los ingredientes en la batidora y bátalos durante 1 minuto. Sirva el *lassi* en un vaso para tomar de inmediato.

1 ración

batido de sandía y fresa

véanse variaciones en la página 205

A menudo asociamos los batidos al mundo infantil, pero este batido ligero y aromático será también apreciado por los mayores.

115 g de sandía pelada y troceada
115 g de fresas sin el tallo
240 ml de helado
2 cucharadas de leche

Introduzca todos los ingredientes en la batidora y bátalos durante 1 minuto. Sirva el batido en un vaso para tomar inmediatamente.

1 ración

variaciones

batido de plátano

véase la receta básica en la página 183

batido de plátano a la malta
Prepare la receta básica añadiendo 1 cucharada de malta en polvo a los ingredientes antes de batirlos.

batido de plátano y mantequilla de cacahuete a la malta
Prepare la receta básica añadiendo 1 cucharada de malta en polvo y 1 cucharada de mantequilla de cacahuete a los ingredientes antes de batirlos.

batido de plátano y chocolate
Prepare la receta básica sustituyendo el helado de vainilla por la misma cantidad de helado de chocolate.

batido de plátano y chocolate a la malta
Prepare la receta básica reemplazando el helado de vainilla por la misma cantidad de helado de chocolate. Añada también 1 cucharada de malta en polvo a los ingredientes antes de batirlos.

batido de frambuesa y chocolate blanco

véase la receta básica en la página 184

batido de frambuesa y chocolate blanco a la malta
Prepare la receta básica añadiendo 1 cucharada de malta en polvo a los demás
ingredientes antes de batirlos.

batido de chocolate blanco
Prepare la receta básica prescindiendo de las frambuesas y aumentando
la cantidad de helado a 360 ml.

batido de chocolate blanco a la malta
Prepare la receta básica suprimiendo las frambuesas y aumentando la cantidad
de helado a 360 ml. Añada también 1 cucharada de malta en polvo
a los demás ingredientes antes de batirlos.

batido doble de chocolate
Prepare la receta básica prescindiendo de las frambuesas y añada 120 ml de
helado de chocolate blanco y 1 cucharada de chips de chocolate antes de batir
los ingredientes.

batido de frutos del bosque variados

véase la receta básica en la página 187

batido de frutos del bosque variados a la malta
Prepare la receta básica añadiendo 1 cucharada de malta en polvo a los demás ingredientes antes de batirlos.

batido de frutos del bosque variados y agua de rosas
Prepare la receta básica añadiendo 1 cucharada de agua de rosas a los demás ingredientes antes de batirlos.

batido de frutos del bosque variados y chocolate
Prepare la receta básica sustituyendo el helado de vainilla por la misma cantidad de helado de chocolate.

batido de frutos del bosque variados y jengibre
Prepare la receta básica reemplazando el helado de vainilla por la misma cantidad de helado de jengibre.

variaciones

batido de pera, chocolate y jengibre

véase la receta básica en la página 188

batido crujiente de pera, chocolate y jengibre
Prepare la receta básica coronando el batido con 1 galleta de jengibre
desmenuzada justo antes de servirlo.

batido de pera, chocolate y jengibre a la malta
Prepare la receta básica añadiendo 1 cucharada de malta en polvo a los demás
ingredientes antes de batirlos.

batido de pera y chocolate
Prepare la receta básica sin el rizoma de jengibre.

batido de pera con doble de chocolate
Prepare la receta básica prescindiendo del rizoma de jengibre. Corone el batido
con 1 cucharadita de virutas de chocolate.

variaciones

batido de chocolate y naranja

véase la receta básica en la página 191

batido de chocolate y naranja a la malta

Prepare la receta básica añadiendo 1 cucharada de malta en polvo a los demás
ingredientes antes de batirlos.

batido de chocolate y menta

Prepare la receta básica sustituyendo la ralladura y el zumo de naranja por unas
gotas de extracto de menta. Incremente la cantidad de helado a 360 ml.

batido de chocolate y café

Prepare la receta básica reemplazando la ralladura y el zumo de naranja
por 1 cucharadita de café soluble de calidad disuelto en 1 cucharada de agua
hirviendo.

batido de chocolate y dulce de leche

Prepare la receta básica supliendo la ralladura y el zumo de naranja
por 1 cucharada de dulce de leche.

variaciones

lassi de fresa y menta

véase la receta básica en la página 192

lassi de fresa, menta y agua de rosas
Prepare la receta básica añadiendo 1 cucharadita de agua de rosas antes de batir
los ingredientes.

lassi de fresa
Prepare la receta básica prescindiendo de la menta.

lassi de fresa y agua de rosas
Prepare la receta básica sin la menta y añada 1 cucharadita de agua de rosas
antes de batir los ingredientes.

lassi de fresa, lichi y agua de rosas
Prepare la receta básica prescindiendo de la menta y añada 1 cucharadita de
agua de rosas y 4 lichis pelados y deshuesados a los demás ingredientes antes
de batirlos.

variaciones

lassi de mango y cardamomo

véase la receta básica en la página 195

lassi de mango
Prepare la receta básica sin el cardamomo.

lassi de mango y hierba limonera
Prepare la receta sustituyendo el cardamomo por ½ tallo de hierba limonera, finamente cortada.

lassi de mango y chile
Prepare la receta básica reemplazando el cardamomo por ½ chile rojo sin semillas finamente cortado.

lassi de mango y menta
Prepare la receta básica supliendo el cardamomo por 4 hojas de menta fresca.

lassi de mango, cardamomo y leche de coco
Prepare la receta básica sustituyendo la leche por la misma cantidad de leche de coco.

variaciones

batido de sandía y fresa

véase la receta básica en la página 196

batido de sandía y fresa a la malta
Prepare la receta básica añadiendo 1 cucharada de malta en polvo a los demás
ingredientes antes de batirlos.

batido de sandía y fresa al agua de rosas
Prepare la receta básica añadiendo 1 cucharadita de agua de rosas a los demás
ingredientes antes de batirlos.

batido de sandía
Prepare la receta básica prescindiendo de las fresas e incrementando la cantidad
de sandía a 225 g.

batido de sandía y frambuesa
Prepare la receta básica reemplazando las fresas por 150 g de frambuesas.

batido de melón de miel y fresa
Prepare la receta básica sustituyendo la sandía por la misma cantidad de melón
de invierno (amarillo).

espesos
y helados

Estos batidos y *smoothies* tan espesos están

especialmente ricos si se enfrían y se sirven helados.

Muchos de ellos llevan hielo picado para espesar

y enfriar los combinados, cosa que los hace ideales

para los calurosos días de verano.

smoothie helado de mango, piña y papaya

véanse variaciones en la página 224

Un magnífico helado líquido de exótica naturaleza.

½ mango pelado y deshuesado
115 g de piña pelada y troceada
½ papaya pequeña pelada y sin semillas
120 ml de helado de vainilla
4 cubitos de hielo

Introduzca todos los ingredientes en la batidora y bátalos durante 1 minuto. Vierta el *smoothie* en un vaso para tomar de inmediato.

1 ración

smoothie de chocolate y pistacho

véanse variaciones en la página 225

El pistacho combina magníficamente con muchos ingredientes, especialmente con el chocolate. Pruebe esta bebida cuando le apetezca un capricho saciante y delicioso.

35 g de pistachos al natural descascarillados
300 g de helado de chocolate
3 cucharadas de leche

Introduzca todos los ingredientes en la batidora y bátalos durante 1 minuto. Vierta el *smoothie* en un vaso para tomar inmediatamente.

1 ración

smoothie de chocolate blanco y albaricoque

véanse variaciones en la página 226

En esta receta puede utilizar tanto albaricoques frescos como secos. Los orejones dan un sabor algo más fuerte, pero son igualmente deliciosos.

75 g de orejones de albaricoques
   o 150 g de albaricoques frescos deshuesados
300 ml de helado de chocolate blanco
3 cucharadas de leche

Introduzca todos los ingredientes en la batidora y bátalos durante 1 minuto. Vierta el *smoothie* en un vaso para tomar enseguida.

1 ración

smoothie crujiente de menta y chocolate

véanse variaciones en la página 227

Los chocolates a la menta son un capricho clásico para después de la cena. He aquí su versión líquida.

300 ml de helado de menta con chips
    de chocolate
3 cucharadas de leche
1 cucharada de chips de chocolate

Introduzca todos los ingredientes en la batidora y bátalos durante 1 minuto. Vierta el *smoothie* en un vaso para tomar de inmediato.

1 ración

moca helada

véanse variaciones en la página 228

Café y chocolate, desde siempre unos aliados muy populares, se complementan especialmente bien en este espeso batido tan refrescante como nutritivo.

1 cucharadita de café soluble disuelto
   en 1 cucharada de agua hirviendo
240 ml de helado de chocolate
3 cucharadas de leche

Introduzca todos los ingredientes en la batidora y bátalos durante 1 minuto. Vierta el *smoothie* en un vaso para tomar inmediatamente.

1 ración

batido helado de plátano, piña y coco

véanse variaciones en la página 229

Esta combinación realmente refrescante traerá a su cocina todo el sabor del Caribe.

1 plátano pelado y troceado
75 g de piña troceada
240 ml de helado de coco
120 ml de leche de coco

Introduzca todos los ingredientes en la batidora y bátalos durante 1 minuto. Vierta el *smoothie* en un vaso para tomar enseguida.

1 ración

granizado de frambuesa y piña

véanse variaciones en la página 230

Esta sublime combinación resulta aún más refrescante si se degusta con hielo. También puede ser una excelente bebida para las fiestas sin alcohol.

150 g de frambuesas
½ piña pelada y troceada
2 vasos llenos de cubitos de hielo

Pase la fruta por la licuadora y después bata el zumo en la batidora junto con el hielo hasta que estén bien mezclados. Vierta el granizado en un vaso y sírvalo de inmediato.

1 ración

granizado de sandía y menta

véanse variaciones en la página 231

Una combinación ligera y aromática con un aspecto tan exótico como su sabor refrescante
y hasta lujurioso.

350 g de sandía pelada y troceada
1 vaso lleno de cubitos de hielo
3 ramitas de menta fresca

Pase la fruta por la licuadora y después bata el zumo en la batidora junto con el hielo hasta que
estén bien mezclados. Vierta el granizado en un vaso y sírvalo inmediatamente. Si lo desea, adorne
el vaso con un tallito de menta.

1 ración

granizado de café

véanse variaciones en la página 232

He aquí un refresco ideal para servir tras una comida de verano.

1 cucharadita de café soluble disuelto
    en 1 cucharada de agua hirviendo
1 cucharadita de azúcar (opcional)
½ vaso lleno de cubitos de hielo

Introduzca los ingredientes en la batidora y bátalos durante 1 minuto. Vierta el granizado en un vaso y sírvalo enseguida.

1 ración

granizado de papaya y lima

véanse variaciones en la página 233

Estos intensos sabores tropicales y el hielo picado consiguen una bebida realmente refrescante.

1 papaya pelada y sin semillas
2 vasos llenos de cubitos de hielo
el zumo de 1 lima

Pase la fruta por la licuadora. Bata el zumo en la batidora junto con el hielo y el zumo de la lima durante 1 minuto. Vierta el granizado en un vaso y sírvalo de inmediato.

1 ración

variaciones

smoothie helado de mango, piña y papaya

véase la receta básica en la página 207

smoothie helado de mango y papaya
Prepare la receta básica prescindiendo de la piña y añadiendo ½ mango extra.

smoothie helado de mango, maracuyá y papaya
Prepare la receta básica suprimiendo la piña y añadiendo ½ mango extra
y el zumo de 2 maracuyás.

smoothie helado de mango, piña, maracuyá y papaya
Prepare la receta básica añadiendo el zumo de 2 maracuyás antes de batir
los ingredientes.

smoothie helado de mango y papaya borracho
Prepare la receta básica prescindiendo de la piña y añadiendo ½ mango extra
y 2 cucharadas de ron añejo.

variaciones

smoothie de chocolate y pistacho

véase la receta básica en la página 208

smoothie de chocolate y almendra
Prepare la receta básica sustituyendo los pistachos por la misma cantidad
de almendras.

smoothie de chocolate, pistacho y agua de azahar
Prepare la receta básica añadiendo ½ cucharadita de agua de azahar
a los ingredientes antes de batirlos.

smoothie de chocolate blanco y pistacho
Prepare la receta básica reemplazando el helado de chocolate por la misma
cantidad de helado de chocolate blanco.

smoothie de chocolate blanco, pistacho y agua de azahar
Prepare la receta básica supliendo el helado de chocolate por la misma cantidad
de helado de chocolate blanco. Añada ½ cucharadita de agua de azahar antes
de batir los ingredientes.

variaciones

smoothie de chocolate blanco y albaricoque

véase la receta básica en la página 210

smoothie de chocolate blanco y vainilla
Prepare la receta básica sustituyendo los albaricoques por ½ cucharadita
de extracto de vainilla.

smoothie de chocolate blanco y caramelo
Prepare la receta básica reemplazando los albaricoques por 1 cucharada de dulce
de leche.

smoothie de chocolate blanco y menta
Prepare la receta básica supliendo los albaricoques por ½ cucharadita de extracto
de menta.

smoothie de chocolate blanco y fresa
Prepare la receta básica sustituyendo los albaricoques por la misma cantidad
de fresas.

variaciones

smoothie crujiente de menta y chocolate

véase la receta básica en la página 211

smoothie crujiente de menta y doble de chocolate
Prepare la receta básica añadiendo 2 cucharadas de salsa de chocolate antes
de batir los ingredientes.

smoothie crujiente de menta y chocolate enriquecido
Prepare la receta básica sustituyendo la leche por 4 cucharadas de crema de leche
espesa.

smoothie crujiente de menta y chocolate borracho
Prepare la receta básica añadiendo 2 cucharadas de crema de menta a los
ingredientes antes de batirlos.

smoothie crujiente de crema de menta y chocolate
Prepare la receta básica añadiendo 2 caramelos de crema de menta machados
antes de batir los ingredientes.

variaciones

moca helada

véase la receta básica en la página 212

moca helada enriquecida
Prepare la receta básica sustituyendo la leche por 4 cucharadas de crema de leche ligera.

moca helada con doble de chocolate
Prepare la receta básica añadiendo 1 cucharada de chips de chocolate a los demás ingredientes antes de batirlos.

moca helada con triple de chocolate
Prepare la receta básica añadiendo 1 cucharada de chips de chocolate y otra de salsa de chocolate a los demás ingredientes antes de batirlos.

moca helada con chocolate blanco
Prepare la receta básica reemplazando el helado de chocolate por la misma cantidad de helado de chocolate blanco.

batido helado de plátano, piña y coco

véase la receta básica en la página 215

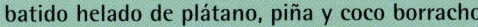

batido helado de plátano, piña y coco borracho
Prepare la receta básica añadiendo 2 cucharadas de ron añejo a los demás
ingredientes antes de batirlos.

batido helado de Malibú, plátano, piña y coco
Prepare la receta básica añadiendo 2 cucharadas de Malibú (ron con sabor a coco)
a los demás ingredientes antes de batirlos.

batido helado de plátano y coco
Prepare la receta básica supliendo la piña por ½ plátano más. Agregue también
1 cucharada de chips de chocolate a los demás ingredientes antes de batirlos.

batido helado de papaya, piña y coco
Prepare la receta básica sustituyendo el plátano por 350 g de papaya pelada
y troceada.

variaciones

granizado de frambuesa y piña

véase la receta básica en la página 216

granizado de frambuesa
Prepare la receta básica reemplazando la piña por 300 g más de frambuesas.

granizado de piña
Prepare la receta básica supliendo las frambuesas por 300 g más de piña.

granizado de piña y fresa
Prepare la receta básica sustituyendo las frambuesas por la misma cantidad de fresas.

granizado de frambuesa y manzana
Prepare la receta básica reemplazando la piña por 3 manzanas, descorazonadas y troceadas.

granizado de limón y piña
Prepare la receta básica supliendo las frambuesas por 2 cucharadas de zumo de limón recién exprimido y 1 cucharada de almíbar de azúcar.

granizado de sandía y menta

véase la receta básica en la página 219

granizado de fresa y menta
Prepare la receta básica sustituyendo la sandía por 350 g de fresas.

granizado de mango y menta
Prepare la receta básica reemplazando la sandía por 450 g de mango pelado y troceado.

granizado de manzana y menta
Prepare la receta básica supliendo la sandía por 3 manzanas descorazonadas y troceadas.

granizado de naranja y menta
Prepare la receta básica sustituyendo la sandía por 3 naranjas peladas.

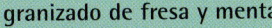

variaciones

granizado de café

véase la receta básica en la página 220

granizado de café cremoso
Prepare la receta básica añadiendo 1 cucharada de crema de leche espesa a los demás ingredientes antes de batirlos.

granizado de moca
Prepare la receta básica añadiendo 1 cucharada de cacao en polvo a los demás ingredientes antes de batirlos.

granizado de licor de café
Prepare la receta básica añadiendo 1 cucharada de Tía María o Kahlúa a los demás ingredientes antes de batirlos.

granizado de café aromatizado
Prepare la receta básica añadiendo 1 cucharada de jarabe (avellana, vainilla o menta) a los demás ingredientes antes de batirlos.

granizado de café con Baileys
Prepare la receta básica añadiendo 1 cucharada de Baileys a los demás ingredientes antes de batirlos.

variaciones

granizado de papaya y lima

véase la receta básica en la página 223

granizado de papaya y pomelo
Prepare la receta básica sustituyendo la lima por el zumo de 1 pomelo.

granizado de papaya y naranja
Prepare la receta básica reemplazando la lima por el zumo de 1 naranja.

granizado de papaya y limón
Prepare la receta básica supliendo la lima por el zumo de 1 limón.

granizado de papaya y mandarina
Prepare la receta básica sustituyendo la lima por el zumo de 2 mandarinas.

pecados
con encanto

Estas dulces tentaciones son perfectas para subir

el ánimo. Bebidas suaves, frescas y cremosas que le

iluminarán el día. Cualquiera de las recetas de este

capítulo resultaría perfecta para un postre.

smoothie de fresas con nata

véanse variaciones en la página 248

La ceremonia del té tomado en el jardín en esas largas y calurosas tardes de verano de otras épocas siempre incluía fresas con nata. He aquí la versión líquida.

75 g de fresas sin el tallo
300 ml de helado de fresa
2 cucharadas de crema de leche espesa
1 fresa entera (opcional)

Introduzca todos los ingredientes en la batidora y bátalos durante 1 minuto. Vierta el *smoothie* en un vaso, decórelo con la fresa entera y sírvalo de inmediato.

1 ración

smoothie silvestre al chocolate

véanse variaciones en la página 249

Este sencillo *smoothie* de cerezas y chocolate realza su delicioso sabor con trocitos de bizcocho de chocolate.

200 g de guindas deshuesadas
300 ml de helado de chocolate
2 cucharadas de crema de leche espesa
115 g de bizcocho de chocolate troceado

Introduzca las cerezas, el helado y la crema en la batidora y bátalos durante 1 minuto. Vierta el *smoothie* en un vaso, añádale el bizcocho de chocolate, remuévalo y sírvalo inmediatamente.

1 ración

smoothie de mango, mandarina y coco

véanse variaciones en la página 250

Una bebida dulce y cremosa con los sabores del Sureste Asiático.

1 mango pelado y deshuesado
1 mandarina pelada y sin pepitas
300 ml de helado de coco
120 ml de leche de coco

Introduzca todos los ingredientes en la batidora y bátalos durante 1 minuto. Sirva el *smoothie* en un vaso para tomar enseguida.

1 ración

smoothie de tiramisú

véanse variaciones en la página 251

Este sensacional postre italiano se convierte fácilmente en una bebida de lujo que coronará con estilo una comida festiva.

240 ml de helado de vainilla
120 ml de mascarpone
1 cucharada de crema de leche espesa
1 bizcocho de soletilla
1 cucharadita de café soluble disuelto
    en 1 cucharada de agua hirviendo
cacao en polvo para espolvorear

Introduzca el helado, el mascarpone y la crema en la batidora y bátalos durante 1 minuto. Sirva el *smoothie* en un vaso, remoje el bizcocho en el café disuelto, introduzca la mezcla en el vaso y remueva todo. Espolvoree el *smoothie* con cacao en polvo y sírvalo de inmediato.

1 ración

smoothie de pastel de crema con fresas

véanse variaciones en la página 252

Este postre británico, algo olvidado, ha vuelto a adquirir su prestigio en muchas cocinas. Es una combinación particularmente deliciosa en forma de *smoothie*.

150 ml de fresas sin el tallo
240 ml de helado de vainilla
120 ml de crema inglesa o natillas
    recién preparada
1 bizcocho de soletilla desmenuzado
virutas de caramelo para servir

Introduzca las fresas, el helado y la crema en la batidora y bátalos durante 1 minuto. Vierta el *smoothie* en un vaso, añada el bizcocho desmenuzado y remueva todo. Sírvalo con las virutas de caramelo por encima.

1 ración

smoothie de plátano, vainilla y chocolate

véanse variaciones en la página 253

Era mi postre preferido de la infancia, y aún me resulta tentador. Puede sustituir el chocolate con leche rallado por una cantidad equivalente de su chocolate preferido.

1 plátano pelado y troceado
300 ml de helado de vainilla
2 cucharadas de crema de leche espesa
1 cucharada de chocolate con leche rallado

Introduzca el plátano, el helado y la crema en la batidora y bátalos durante 1 minuto. Vierta el *smoothie* en un vaso, espolvoréelo con el chocolate rallado y sírvalo inmediatamente.

1 ración

smoothie de budín de jengibre y pera

véanse variaciones en la página 254

El jengibre aporta un cálido toque especiado a este batido de fruta.

1 pera madura pelada, descorazonada
    y troceada
300 ml de helado de jengibre
3 cucharadas de crema de leche espesa
2 galletas de jengibre desmenuzadas

Introduzca todos los ingredientes, salvo las galletas de jengibre, en la batidora y bátalos durante 1 minuto. Vierta el *smoothie* en un vaso y corónelo con las galletas desmenuzadas. Sírvalo enseguida.

1 ración

smoothie de tarta crujiente de manzana

véanse variaciones en la página 255

La tarta crujiente de manzana con helado de vainilla es un postre muy popular, especialmente en otoño. Aquí, la tarta y el helado se funden en un rico *smoothie*.

225 g de manzanas cocidas
½ cucharadita de canela
240 ml de helado de vainilla
3 cucharadas de crema de leche espesa
1 galleta de avena desmenuzada

Introduzca todos los ingredientes, salvo la galleta de avena, en la batidora y bátalos durante 1 minuto. Vierta el *smoothie* en un vaso y corónelo con la galleta desmenuzada. Sírvalo de inmediato.

1 ración

variaciones

smoothie de fresas con nata

véase la receta básica en la página 235

smoothie de fresas con merengue
Prepare la receta básica añadiendo 50 g de merengue picado antes
de servir.

smoothie de melocotón con nata
Prepare la receta básica sustituyendo las fresas y el helado de fresa
por 1 melocotón pelado y deshuesado y 300 ml de helado de vainilla.

smoothie de frambuesas con nata
Prepare la receta básica reemplazando las fresas y el helado de fresa por 75 g
de frambuesas y 300 ml de yogur de frambuesa helado o helado de vainilla.

smoothie de frutos del bosque variados con nata
Prepare la receta básica supliendo las fresas y el helado de fresa por 75 g
de frutos del bosque variados.

smoothie de melocotón con nata y frambuesa
Prepare la receta básica sustituyendo las fresas y el helado de fresa
por 1 melocotón pelado y deshuesado y 300 ml de yogur de frambuesa helado.

variaciones

smoothie silvestre al chocolate

véase la receta básica en la página 236

smoothie silvestre borracho al chocolate
Prepare la receta básica añadiendo 2 cucharadas de kirsch a los demás
ingredientes antes de batirlos.

batido de chocolate y cereza
Prepare la receta básica prescindiendo del bizcocho de chocolate.

batido de chocolate y cereza a la malta
Prepare la receta básica suprimiendo el bizcocho de chocolate y añadiendo
1 cucharada de malta en polvo a los demás ingredientes antes de batirlos.

smoothie doble de chocolate con cereza
Prepare la receta básica reemplazando el bizcocho de chocolate por 1 cucharada
de chips de chocolate.

variaciones

smoothie de mango, mandarina y coco

véase la receta básica en la página 239

smoothie de mandarina, piña y coco
Prepare la receta básica sustituyendo el mango por 450 g de piña pelada
y troceada.

smoothie de mango, zumo de piña y coco
Prepare la receta básica reemplazando la mandarina por 60 ml de zumo de piña.

smoothie de mango y coco
Prepare la receta básica supliendo la mandarina por 60 ml de zumo de mango.

smoothie de coco
Prepare la receta básica suprimiendo el mango y la mandarina e incrementando
la cantidad de leche de coco a 240 ml.

variaciones

smoothie de tiramisú

véase la receta básica en la página 240

smoothie de tiramisú al Marsala
Prepare la receta básica añadiendo 2 cucharadas de vino de Marsala al café disuelto.

smoothie de tiramisú al Amaretto
Prepare la receta básica añadiendo 2 cucharadas de licor Amaretto al café disuelto.

smoothie de tiramisú al licor de café
Prepare la receta básica añadiendo 2 cucharadas de licor de café (Tía María o Kahlúa) al café disuelto.

smoothie de tiramisú al Baileys
Prepare la receta básica añadiendo 2 cucharadas de Baileys al café disuelto.

variaciones

smoothie de pastel de crema con fresas

véase la receta básica en la página 242

smoothie de pastel de crema con frambuesas

Prepare la receta básica sustituyendo las fresas por la misma cantidad
de frambuesas.

smoothie de pastel de crema al jerez

Prepare la receta básica añadiendo 2 cucharadas de jerez a los demás ingredientes
antes de batirlos.

smoothie de pastel de crema con fruta tropical

Prepare la receta básica reemplazando las fresas por 225 g de frutas tropicales
variadas, como piña, mango, lichis y papaya.

smoothie de pastel de crema con cóctel de frutas

Prepare la receta básica supliendo las fresas por la misma cantidad de cóctel
de frutas en almíbar.

smoothie de pastel de crema con chocolate

Prepare la receta básica sustituyendo las fresas y el helado por 2 cucharadas
de salsa de chocolate y helado de chocolate.

smoothie de plátano, vainilla y chocolate

véase la receta básica en la página 243

smoothie de plátano, vainilla y cacahuetes bañados en chocolate
Prepare la receta básica sustituyendo el chocolate rallado por 35 g de cacahuetes bañados en chocolate.

smoothie de plátano, chocolate cremoso y cacahuetes bañados en chocolate
Prepare la receta básica reemplazando el chocolate rallado por 35 g de cacahuetes bañados en chocolate. Supla el helado de vainilla por helado de chocolate.

smoothie de plátano y chocolate
Prepare la receta básica sustituyendo el helado de vainilla por la misma cantidad de helado de chocolate.

smoothie de plátano, caramelo y chocolate
Prepare la receta básica reemplazando el helado de vainilla por la misma cantidad de helado de caramelo.

variaciones

smoothie de budín de jengibre y pera

véase la receta básica en la página 244

smoothie de budín de jengibre y pera enriquecido
Prepare la receta básica añadiendo 1 cucharadita de melaza negra a los demás ingredientes antes de batirlos.

smoothie de budín de jengibre y pera borracho
Prepare la receta básica añadiendo 2 cucharadas de Poire William a los demás ingredientes antes de batirlos.

smoothie de budín de ruibarbo y jengibre
Prepare la receta básica sustituyendo la pera por 115 g de ruibarbo cocido.

smoothie de budín de pera y ruibarbo
Prepare la receta básica reemplazando el helado de jengibre por la misma cantidad de helado de vainilla. Añada 115 g de ruibarbo cocido. Sustituya también las galletas de jengibre por galletas de avena.

variaciones

smoothie de tarta crujiente de manzana

véase la receta básica en la página 247

smoothie de tarta crujiente de manzana borracha

Prepare la receta básica supliendo la canela por 1 cucharadita de especias variadas y 2 cucharadas de Calvados.

smoothie de tarta crujiente de manzana y mora

Prepare la receta básica añadiendo 60 g de moras cocidas a los demás ingredientes antes de batirlos.

smoothie de tarta crujiente de manzana y ruibarbo

Prepare la receta básica añadiendo 60 g de ruibarbo cocido a los demás ingredientes antes de batirlos.

smoothie de tarta crujiente de ruibarbo

Prepare la receta básica sustituyendo las manzanas cocidas por la misma cantidad de ruibarbo cocido.

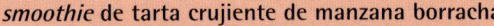

combinados alcohólicos

Para obtener un sabor más intenso, atrévase a echar un chorrito de licor a sus combinados. Relájese y disfrute de las bebidas de este capítulo, perfectas para fiestas o largas tardes en buena compañía.

martini a la sandía

véanse variaciones en la página 274

Una bebida ligera y refrescante, ideal para servir como aperitivo al inicio de una fiesta.

225 g de sandía pelada y troceada
6 cubitos de hielo
2 cucharadas de vodka
1 cucharada de almíbar de azúcar
   (*véase* página 12)
2 cucharadas de vermut
2 hojas de menta fresca
1 corte de sandía para servir

Pase la sandía por la licuadora, introduzca el zumo en una coctelera con el hielo, el vodka, el almíbar de azúcar, el vermut y la menta, y agite enérgicamente durante 30 segundos. Vierta el combinado en una copa de martini con la ayuda de un tamiz y sírvalo con un pequeño corte de sandía.

1 ración

margarita al maracuyá

véanse variaciones en la página 275

A pesar de la poca cantidad de zumo que puede obtenerse de la fruta de la pasión, su sabor astringente y su perfume tropical impregnan totalmente este combinado.

el zumo de 6 maracuyás sin semillas
6 cubitos de hielo
2 cucharadas de tequila
2 cucharaditas de triple seco
1 cucharada de almíbar de azúcar
(*véase* página 12)

Introduzca el zumo de maracuyá en una coctelera con el hielo, el tequila, el triple seco, el almíbar de azúcar y la menta, y agite enérgicamente durante 30 segundos. Sirva el combinado en una copa de martini con la ayuda de un tamiz. Si lo desea, adorne el cóctel con una rodaja de maracuyá.

1 ración

piña colada

véanse variaciones en la página 276

Aunque este cóctel clásico ha sido protagonista de alegres cancioncillas, sus intensos sabores caribeños merecen toda la seriedad del mundo.

225 g de piña pelada y troceada
60 ml de leche de coco
60 ml de ron claro
1 vaso lleno de cubitos de hielo
agua con gas
una rodaja de piña para servir
guindas para servir

Pase la piña por la licuadora, introduzca el zumo en la batidora con la leche de coco, el ron y el hielo y bátalos durante 1 minuto. Vierta la mezcla en un vaso de tubo o una copa grande y añada un chorro de agua con gas. Sirva el cóctel con parte de una rodaja de piña y un par de guindas.

1 ración

smoothie de amaretto y albaricoque

véanse variaciones en la página 277

La combinación italiana de albaricoque y almendras da lugar a un *smoothie* con estilo para adultos, especialmente cuando el sabor de las almendras proviene del amaretto.

4 albaricoques muy maduros deshuesados
60 ml de amaretto di Saronno
60 ml de zumo de naranja
120 ml de yogur natural desnatado
2 almendrados desmenuzados, para servir

Introduzca los albaricoques deshuesados, el licor de amaretto, el zumo de naranja y el yogur en la batidora y bátalos durante 1 minuto o hasta que la mezcla sea homogénea. Vierta el *smoothie* en un vaso y sírvalo con los almendrados desmenuzados por encima.

1 ración

mojito con clementina y mango

véanse variaciones en la página 278

Este exótico cóctel gana muchísimo con el sabor limpio y refrescante de la menta fresca.

55 g de mango pelado y troceado
1 clementina pelada y cortada a octavos
1 cucharada de ron claro
1 cucharadita de azúcar moreno

un puñadito de hojas de menta fresca
cubitos de hielo
agua con gas

Pase el mango por la licuadora. Introduzca los pedazos de clementina en un vaso alto con el azúcar moreno y la menta y, con la ayuda de una mano de mortero o el mango de una cuchara, machaque los dos ingredientes para que desprendan todo su sabor. Añada entonces el zumo de mango y el ron blanco y mezcle todo bien. Agregue cubitos de hielo hasta llenar el vaso y termine con un chorro de agua con gas. Si lo desea, adorne el cóctel con una ramita de menta fresca.

1 ración

daiquiri helado de fresa

véanse variaciones en la página 279

El zumo rojo de la fresa se desliza entre los cristales de hielo dando al conjunto un aspecto de lo más vibrante.

200 g de fresas sin el tallo
el zumo de 1 lima
1 cucharada de almíbar de azúcar
    (*véase* página 12)
1 vaso lleno de cubitos de hielo
1 cucharada de ron claro

Introduzca los ingredientes en una batidora y bátalos hasta que la mezcla quede homogénea. Vierta el combinado en un vaso y sírvalo de inmediato.

1 ración

espumoso frutal a la ginebra

véanse variaciones en la página 280

Una bebida ligera y aromática a la que aquí, con un chorro de cava, le damos *glamour*.

75 g de lichis pelados y deshuesados
175 g de uvas sin semillas
1 cucharada de cordial de saúco
1 cucharada de ginebra
cubitos de hielo
cava para servir

Pase los lichis y las uvas por la licuadora, vierta el zumo en una coctelera junto con el cordial de saúco y la ginebra, y agite enérgicamente durante 30 segundos. Sirva el cóctel en un vaso lleno de hielo y termine con un chorro de cava.

1 ración

granizado de papaya y naranja al ron

véanse variaciones en la página 281

La pulpa suave y dulce de la papaya es un lecho perfecto para el toque ácido del zumo de naranja, y los cubitos convierten este cóctel en una bebida especialmente adecuada para los meses de verano.

1 papaya pelada y sin semillas
60 ml de zumo de naranja
el zumo de 1 lima
1 cucharadita de azúcar moreno
1 cucharada de ron negro
1 vaso lleno de cubitos de hielo

Introduzca todos los ingredientes en la batidora y bátalos durante 1 minuto o hasta que la mezcla esté homogénea. Vierta el granizado en un vaso para tomar de inmediato.

1 ración

bloody mary

véanse variaciones en la página 282

El gran clásico ligeramente modificado para convertirlo en una bebida algo más suave.
Sin duda le refrescará, pero no le hará perder el apetito como el Bloody Mary original.

6 tomates
½ limón pelado
2 cucharadas de vodka
1 pizca de sal
1 pizca de sal de apio, y algo más para servir

pimienta negra molida, y algo más para servir
1 cucharada de salsa Worcestershire
1 toque de Tabasco
cubitos de hielo para servir
1 tallo de apio limpio

Pase los tomates y el limón por la licuadora, vierta el zumo en una coctelera junto con el vodka,
las sales, la pimienta, la salsa Worcestershire y el Tabasco, y agite enérgicamente durante
30 segundos. Sírvalo en un vaso corto lleno de hielo, añada algo más de sal de apio y pimienta,
y adórnelo con un tallo de apio.

1 ración

batido de ron con pasas

véanse variaciones en la página 283

Un batido rico y exótico, pero no tan pesado como un helado.

35 g de pasas
60 ml de ron añejo
1 cucharada de azúcar moreno
300 ml de helado de vainilla
2 cucharadas de leche

Mezcle las pasas con el ron y el azúcar, y resérvelas toda la noche. Introduzca los ingredientes anteriores en la batidora junto con el helado de vainilla y la leche, y bátalos durante 1 minuto o hasta que la mezcla sea homogénea. Sirva el batido en un vaso para tomar inmediatamente.

1 ración

variaciones

martini a la sandía

véase la receta básica en la página 257

martini a la piña
Prepare la receta básica sustituyendo la sandía por 450 g de piña pelada
y troceada.

martini a la manzana
Prepare la receta básica reemplazando la sandía por 2 manzanas peladas
y descorazonadas.

martini verde a la manzana
Prepare la receta básica supliendo la sandía por 2 manzanas peladas
y descorazonadas. Añada 1 cucharada de licor de melón Midori.

martini a la fresa
Prepare la receta básica sustituyendo la sandía por 150 g de fresas sin el tallo.

martini con mango
Prepare la receta básica reemplazando la sandía por 225 g de mango pelado
y troceado.

margarita al maracuyá

véase la receta básica en la página 258

margarita a la lima
Prepare la receta básica sustituyendo el maracuyá por 2 cucharadas de zumo de lima.

margarita al limón
Prepare la receta básica reemplazando el maracuyá por 2 cucharadas de zumo de limón.

margarita al pomelo
Prepare la receta básica supliendo el maracuyá por el zumo de ½ pomelo.

margarita a la madarina
Prepare la receta básica sustituyendo el maracuyá por el zumo de 1 mandarina.

variaciones

piña colada

véase la receta básica en la página 261

banana colada
Prepare la receta básica sustituyendo la piña por 1 ½ plátanos pelados y troceados.

mango colado
Prepare la receta básica reemplazando la piña por 225 g de mango pelado y troceado.

papaya colada
Prepare la receta básica supliendo la piña por 225 g de papaya pelada y troceada.

fresa colada
Prepare la receta básica reemplazando la piña por 150 g de fresas sin el tallo.

piña chi chi
Prepare la receta básica sustituyendo el ron por la misma cantidad de vodka.

variaciones

smoothie de amaretto y albaricoque

véase la receta básica en la página 262

smoothie de amaretto y ciruela
Prepare la receta básica sustituyendo los albaricoques por 4 ciruelas muy maduras,
deshuesadas.

smoothie de amaretto y ciruela seca
Prepare la receta básica reemplazando los albaricoques por 6 ciruelas secas
deshuesadas previamente remojadas durante 30 minutos en 3 cucharadas de agua
caliente.

smoothie de amaretto, albaricoque y ciruela
Prepare la receta básica supliendo 2 albaricoques por 4 ciruelas muy maduras,
deshuesadas.

smoothie de amaretto y cereza
Prepare la receta básica sustituyendo los albaricoques por 200 g de cerezas
en conserva.

variaciones

mojito con clementina y mango

véase la receta básica en la página 265

mojito
Prepare la receta básica sustituyendo la clementina y el mango por 2 limas peladas y troceadas.

mojito con frutos del bosque
Prepare la receta básica reemplazando la clementina y el mango por 1 lima pelada y troceada y 35 g de frutos del bosque variados.

mojito con lima y fresa
Prepare la receta básica supliendo la clementina y el mango por 1 lima pelada y troceada y 35 g de fresas sin el tallo.

mojito con limón
Prepare la receta básica sustituyendo la clementina y el mango por 1 limón pelado y troceado.

mojito con piña
Prepare la receta básica reemplazando la clementina y el mango por 225 g de piña fresca pelada y troceada.

daiquiri helado de fresa

véase la receta básica en la página 266

daiquiri helado de frambuesa
Prepare la receta básica sustituyendo las fresas por la misma cantidad
de frambuesas.

daiquiri helado de sandía
Prepare la receta básica reemplazando las fresas por la misma cantidad de sandía
troceada.

daiquiri helado de mango
Prepare la receta básica supliendo las fresas por 225 g de mango pelado
y troceado.

daiquiri helado de piña
Prepare la receta básica sustituyendo las fresas por 225 g de piña pelada
y troceada.

variaciones

espumoso frutal a la ginebra

véase la receta básica en la página 267

espumoso de grosella roja, saúco y lichi a la ginebra
Prepare la receta básica sustituyendo las uvas por 150 g de grosellas rojas. Sirva el cóctel con algunas grosellas por encima.

espumoso de fresa, saúco y lichi a la ginebra
Prepare la receta básica reemplazando las uvas por 150 g de fresas sin el tallo.

espumoso de arándano azul, saúco y lichi a la ginebra
Prepare la receta básica supliendo las uvas por 150 g de arándanos azules.

espumoso de frambuesa, saúco y lichi a la ginebra
Prepare la receta básica sustituyendo las uvas por 150 g de frambuesas.

variaciones

granizado de papaya y naranja al ron

véase la receta básica en la página 269

granizado de papaya y naranja al vodka
Prepare la receta básica sustituyendo el ron por la misma cantidad de vodka.

granizado de papaya y naranja al bourbon
Prepare la receta básica reemplazando el ron por la misma cantidad de bourbon.

granizado de mango y naranja al ron
Prepare la receta básica supliendo la papaya por 115 g de mango pelado
y troceado.

granizado de piña y naranja al ron
Prepare la receta básica sustituyendo la papaya por 115 g de piña pelada
y troceada.

variaciones

bloody mary

véase la receta básica en la página 270

bloody mary mexicano
Prepare la receta básica prescindiendo del limón, la sal de apio, la salsa Worcestershire y el Tabasco, y sustituyéndolos por las mismas cantidades de lima, comino, hojas de cilantro y Tabasco jalapeño. Reemplace el tallo de apio por una rodaja de aguacate.

bloody mary japonés
Prepare la receta básica suprimiendo el limón, la sal de apio, la salsa Worcestershire y el Tabasco, y sustituyéndolos por las mismas cantidades de lima, *wasabi*, salsa de soja y *nanami togarashi*. Reemplace el tallo de apio por una rodaja de aguacate.

virgin mary
Prepare la receta básica sin el vodka.

bull shot
Prepare la receta básica supliendo los tomates y el tallo de apio por 480 ml de caldo de ternera caliente.

variaciones

batido de ron con pasas

véase la receta básica en la página 273

batido de ron con ciruelas secas
Prepare la receta básica sustituyendo las pasas por 45 g de ciruelas secas
deshuesadas.

batido de chocolate con ron y ciruelas secas
Prepare la receta básica reemplazando el helado de vainilla por la misma cantidad
de helado de chocolate.

batido de ron con frutas tropicales
Prepare la receta básica supliendo las pasas por la misma cantidad de variado
de frutas tropicales deshidratadas.

batido de cóctel al brandy
Prepare la receta básica sustituyendo las pasas por la misma cantidad de frutas
variadas deshidratadas y cáscara de limón, bañadas en brandy en lugar de en ron.

índice

recetas

ingredientes